Studer · Eisenbahn-Spezialitäten in der Schweiz

Elektro-Veteranen
Dampflokomotiven
Strassenbahnen

—

Bernhard Studer

Eisenbahn-Spezialitäten in der Schweiz

Verlag Alfred Bucheli Zug
Motorbuch Verlag Stuttgart

Einband und Schutzumschlag: Siegfried Horn

Bildquellennachweis: Bruno Hitz: 74 oben / Eduard Meier: 81 / Quirinus Reichen: 21, 117 oben, 119 / Christoph Stolz: 11 unten / Christian Zellweger: 51 unten / Bernhard Studer: alle anderen Aufnahmen

ISBN 3-7168-1591-8

1. Auflage 1983
Satz und Druck: Verlagsdruckerei Carle, D 7143 Vaihingen/Enz.
Bindung: Großbuchbinderei E. Riethmüller, D 7000 Stuttgart 1.
Printed in Germany.

Inhaltsverzeichnis

Ein bemerkenswertes Stück Ingenieurkunst stellt der komplizierte Antriebsmechanismus des ‹Krokodils› Be 6/8II dar. Über jedem Drehgestell lagern zwei Motoren, die über eine Zahnradübersetzung auf die Blindwelle arbeiten. Diese Blindwelle ist über eine Schlitzkupplung mit einer Hilfswelle (im Vordergrund) verbunden. Diese Stange treibt die vorderste Triebachse des Drehgestells direkt an, während die beiden hinteren Triebachsen über Kuppelstangen angetrieben werden. Besonders in unteren Geschwindigkeitsbereichen entwickeln diese Lokomotiven eine enorme Zugkraft.

Vorwort

Die wichtigsten Strecken des schweizerischen Eisenbahnnetzes sind in der zweiten Hälfte des 19. Jahrhunderts entstanden. Zu jener Zeit lag die Initiative für den Bau von Eisenbahnen vollständig in privatwirtschaftlichen Händen. Die Hauptlinien wurden erst aufgrund des Rückkaufgesetzes von 1897 vom Bund übernommen und seit 1902 in die SBB integriert. Daneben konnten aber viele kleinere, oft recht unbedeutende Privatbahnen mit vorwiegend regionalen Aufgaben, ihre Selbständigkeit bis heute bewahren. Es erstaunt hingegen, dass die Hauptstrecken der beiden wichtigsten Privatbahngesellschaften BLS und RhB erst in unserem Jahrhundert erbaut worden sind.

Einige Privatbahngesellschaften stellten den Schienenverkehr in der Zwischenzeit ein, andere wiederum wurden nachträglich in die SBB integriert oder fusionierten mit anderen Privatbahngesellschaften zu überregionalen Gesellschaften. Trotzdem gibt es heute neben den SBB immer noch rund 75 unabhängige Eisenbahn- und Strassenbahnunternehmungen! Eine solche Vielfalt auf so kleinem Raum ist weltweit einmalig.

In der Schweiz wurde auf technischem Gebiet immer Ausserordentliches geleistet. Die frühe Elektrifizierung der Bahnen war eine beispiellose Pioniertat. Die schweizerische Rollmaterialindustrie geniesst ein hohes Ansehen. Gibt es einen besseren Beweis für den hohen Qualitätsstandard der schweizerischen Produktion als gerade die Langlebigkeit der Elektrolokomotiven der ersten Generationen?

Als Folge dieser Entwicklung bietet sich in der Schweiz neben modernsten Betriebssmitteln ein einzigartiges Spektrum von Eisenbahnspezialitäten jeder Art. Dieses Buch gibt eine Anzahl von Einblicken. Einerseits soll ein Eindruck vom unübersehbaren Strukturwandel gegeben werden, der in den beiden letzten Jahrzehnten durch die Verjüngung des Fahrzeugparkes und die Ablösung älterer Typen ausgelöst worden ist. Die Bilder zeigen den allmählichen Niedergang der Stars von einst bis zu ihrem endgültigen Ausscheiden. Anderseits will dieses Buch aber auch zeigen, wie manches Eisenbahnvehikel vergangener Tage dank Begeisterungsfähigkeit und Initiativgeist von Eisenbahnern und Privatleuten überleben konnte. Als lebendiger Beweis für Leistungsvermögen und Kreativität vergangener Zeiten erfreuen uns diese historischen Fahrzeuge heute wie hoffentlich noch bis in ferne Zukunft.

Bernhard Studer

Lokomotiven unter «Denkmalschutz»

Jede Epoche hat ihre Idole. Jeder neue technische Durchbruch lässt das Alte verblassen – das Neue, das Bessere, das Schnellere, das Stärkere, das Wirtschaftlichere ist interessant, wird beachtet und mit berechtigtem Stolz herumgezeigt. Was gestern noch faszinierte, ist heute vielfach nicht mehr interessant. Allerdings wird auch all das, was uns heute fasziniert, bereits morgen kaum mehr beachtet werden.

Früher oder später muss jedes Eisenbahnfahrzeug aus wirtschaftlichen oder technischen Gründen ersetzt werden. Nun ist aber jedes Fahrzeug Zeuge seiner Epoche und vielfach auch Beispiel besonderer technischer Pionierarbeit. Deshalb sind es keineswegs nur Romantiker und Nostalgiker, die besonders markante Vertreter von am Ende ihrer normalen Lebensdauer angelangten Fahrzeugbauarten der Nachwelt erhalten wollen.

Finanzielle, juristische, betriebliche und nicht zuletzt auch technische Gründe verhindern oft die Erhaltung solcher Denkmäler. Besonders eine betriebstaugliche Erhaltung scheint oft unmöglich. Manches, was auf den ersten Blick völlig undenkbar scheint, wird aber plötzlich realistisch, wenn eine Institution wie eine Bahngesellschaft den Willen aufbringt, zur Erhaltung solcher Werte aktiv beizutragen. Was verschiedene schweizerische Bahnen in dieser Beziehung leisten, ist unbedingt bemerkenswert und einmalig. Allen voran gingen die SBB, die ein sehr flexibles Konzept zur Erhaltung historischer Dampf- und Elektrolokomotiven samt passendem Wagenmaterial ausarbeiteten. Alle darin erfassten Veteranen werden tadellos hergerichtet und äusserlich bestmöglichst in den Zustand, in dem die Fahrzeuge in der ersten Hälfte ihrer aktiven Laufbahn verkehrten, zurückversetzt. Erfreulicherweise hat dieses Pionierkonzept bei verschiedenen Privatbahnen Nachahmung gefunden.

Da alle schweizerischen Bahnen finanziell in arger Bedrängnis sind, dürfen für diese betrieblich nicht notwendigen Leistungen nur minimale Kosten anfallen. Diese Anstrengungen werden deshalb entscheidend von persönlichem Einsatz, Freude und gutem Willen von Eisenbahnern auf allen Hierarchiestufen und von Eisenbahnfreunden getragen.

Naturgemäss ist bei einem elektrischen Triebfahrzeug im Gegensatz zu einer Dampflok ein Einsatz ohne grosse Vorbereitungen leicht möglich. Die im SBB-Konzept enthaltenen Dampflokomotiven sind daher die meiste Zeit in konserviertem Zustand hinterstellt und werden nur für grössere Anlässe, beispielsweise für Jubiläen, aktiviert. Jede historische Ellok hingegen ist einem Depot zugeteilt, das verantwortlich ist für Pflege, Unterhalt und Bedienung seines Schützlings. Die Maschinen stehen damit für Extrazüge und festliche Ereignisse zur Verfügung. Um Standschäden zu vermeiden, werden die Maschinen zudem regelmässig vor leichten Güterzügen im Normalverkehr eingesetzt! Rechtliche Schwierigkeiten sind ausgeschlossen, da alle diese Fahrzeuge nach wie vor zum offiziellen Einsatzbestand gehören.

Rechte Seite:
Die ‹historische› Be 4/6 12320 wurde 1975 als Museumslok hergerichtet und dem Depot Winterthur zugeteilt. Oben begegnen wir ihr zusammen mit der bis 1975 planmässig eingesetzten Schwesterlok 12339 in Gibswil im Tösstal. Auf dem unteren Bild treffen wir die Museumslok bei einem seltenen Einsatz vor einem Regionalzug bei Winterthur Seen.

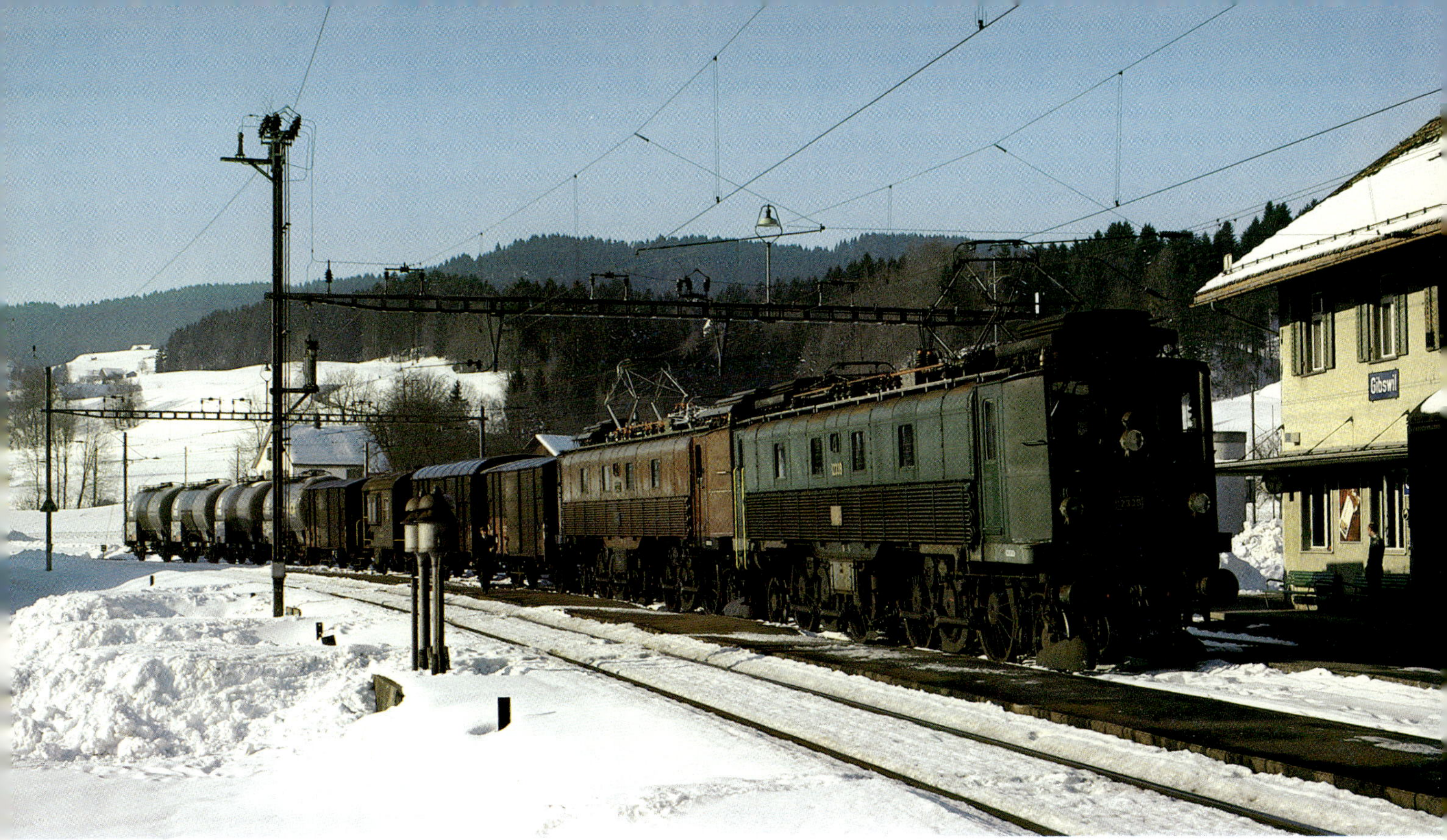
Gibswil

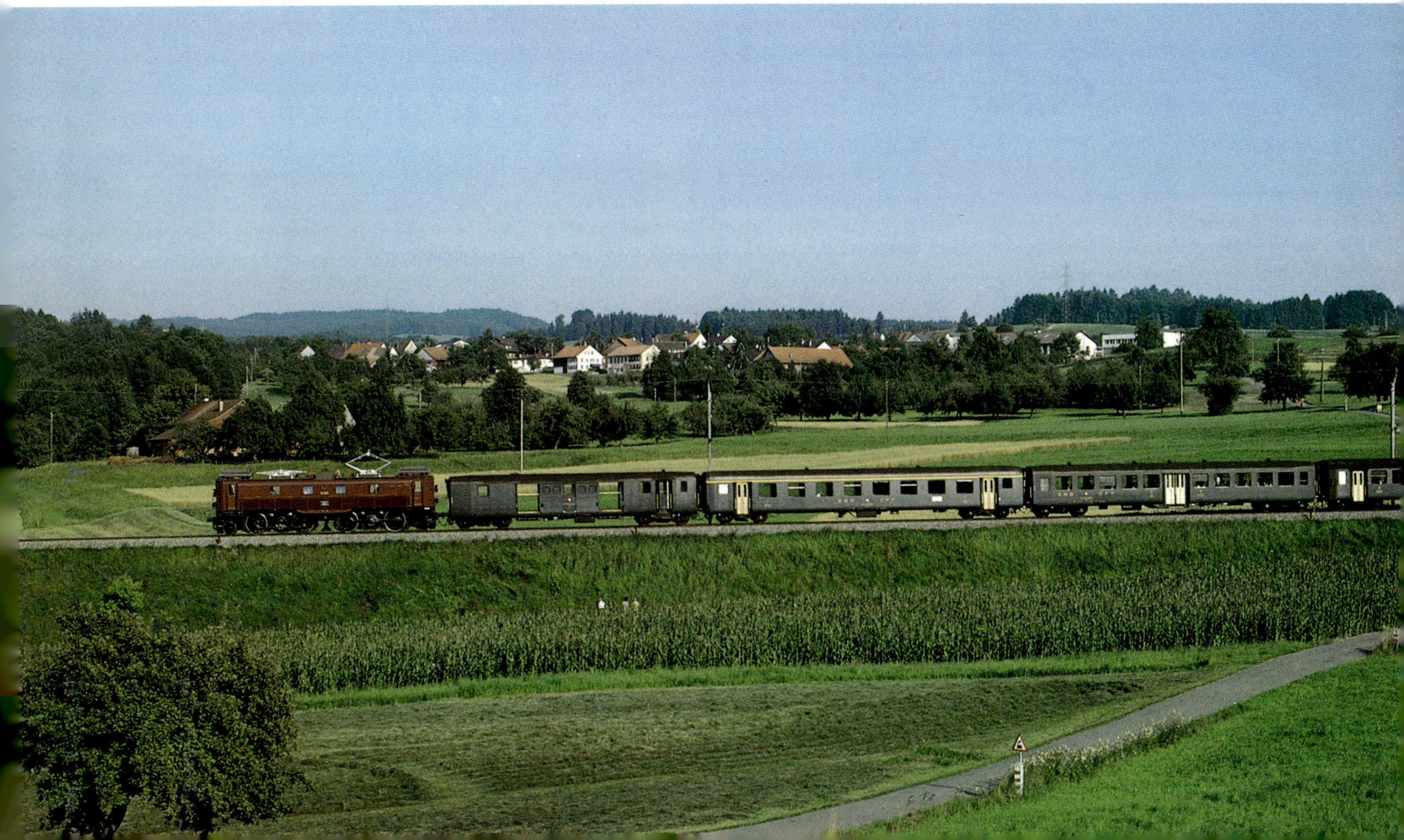

Anlässlich der SBB-Schau zum Hundertjahr-Jubiläum der Gotthardlinie ist diese Aufnahme der beiden historischen Lokomotiven Be 4/6 12320 und Be 4/7 12504 vor historischem Wagenmaterial bei der Ausfahrt aus dem Wattingertunnel bei Wassen entstanden.

10

Oben: Vor Sonderzug-
einsätzen aus Anlass
eines Streckenjubi-
läums treffen sich im
Bahnhof Glarus die
Be 4/6 12320 und die
Eb 3/5 5819.

Unten: Die als histori-
sche Lok im Depot
Biel beheimatete
Be 4/7 12504 präsen-
tiert sich anlässlich ei-
nes Besuchs im Depot
Erstfeld auf der dorti-
gen Schiebebühne.

11

Linke Seite:
Ein organisiertes Treffen alter Elektrolokomotiven führte die Erstfelder Museumslok Ce 6/8II 14253 und die Oltener Ae 3/6II 10439 gemeinsam vor einem Sonderzug über die Strecke der SOB nach Einsiedeln. Das obere Bild ist bei Rothenthurm entstanden. Die untere Aufnahme zeigt die Ae 3/6II 10439 bei der gleichen Gelegenheit zwischen Biberbrugg und Einsiedeln.

Oben: Während der Gotthard-Schau führt die Ce 6/81 14201, heute Ausstellungsstück im Verkehrshaus Luzern, vor der Basler Museumslok Ce 6/8III 14305 einen kurzen Güterzug über die Rohrbachbrücke ob Wassen.
Unten: Die Be 6/8III 13302 gehört heute dem Modell-Eisenbahnclub Horgen und ist auf der Südostbahn beheimatet. Für Gönner, die mit ihren Beiträgen die Erhaltung der Lok unterstützen, werden periodisch ‹Dividendenfahrten› organisiert. Anlässlich einer solchen Ausfahrt ist diese Aufnahme bei Degersheim auf der BT-Strecke Wattwil – Herisau entstanden.

13

Oben: Als Höhepunkt der Gotthard-Schau wurde die Dampflok B 3/4 1367 zwei Mal zusammen mit einer hübschen Zwei- und Dreiachswagen-Garnitur eingesetzt. Diese Aufnahme ist ob Wassen bei der Ausfahrt aus dem Meienkreuztunnel entstanden. Die alte Signalglocke, die vor dem Wärterhaus aufgestellt ist, verdient besondere Beachtung.

Rechte Seite:
Die obere Aufnahme zeigt die Eb 3/5 5819 anlässlich einer SBB-Sonderfahrt auf der Hemishofer Rheinbrücke. Wie in alten Zeiten ist ihr Zug mit Güterwagen ausgelastet. Unten begegnen wir der C 5/6 2978 vor historischem Wagenmaterial bei Bürglen TG auf der Strecke Romanshorn–Winterthur.

14

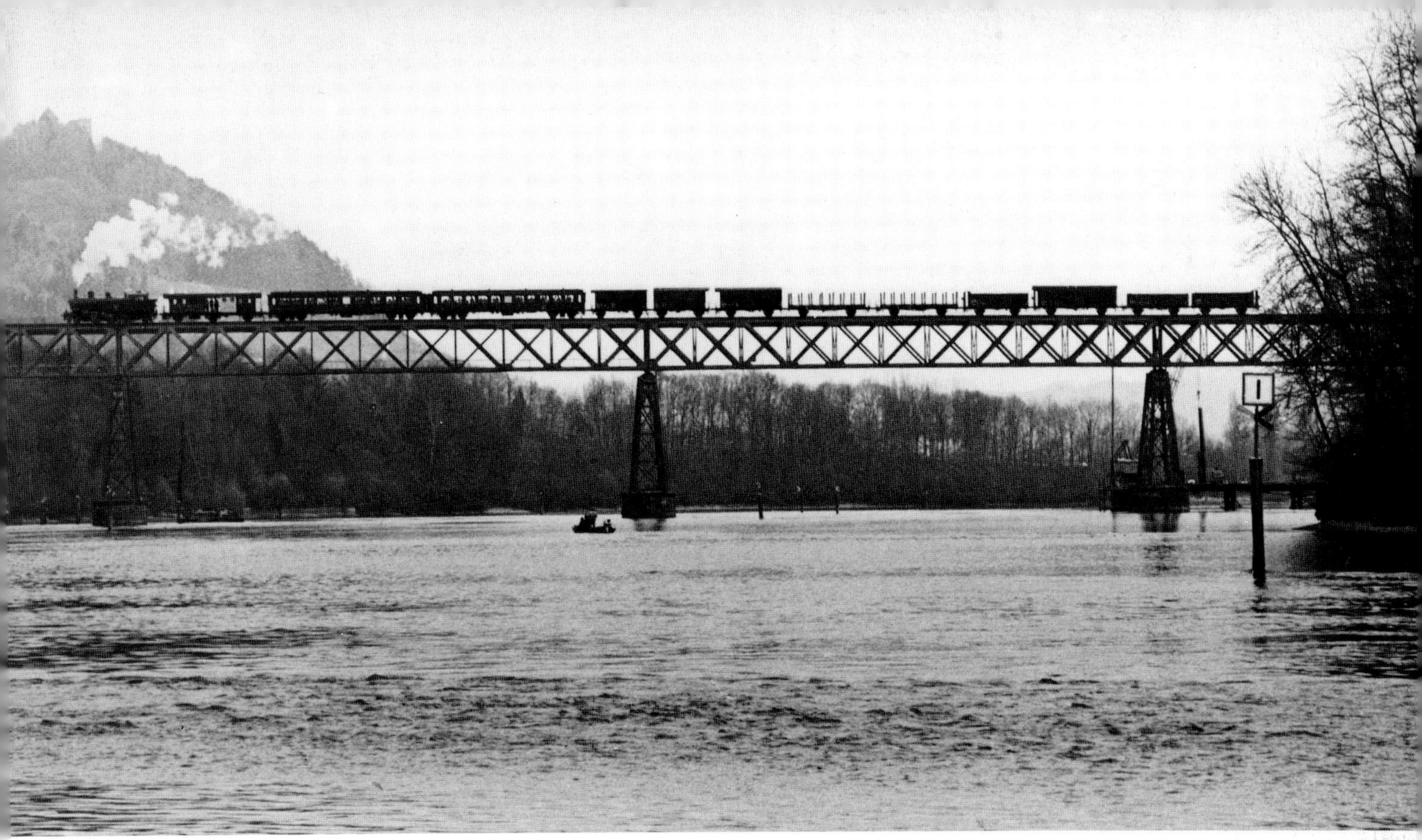

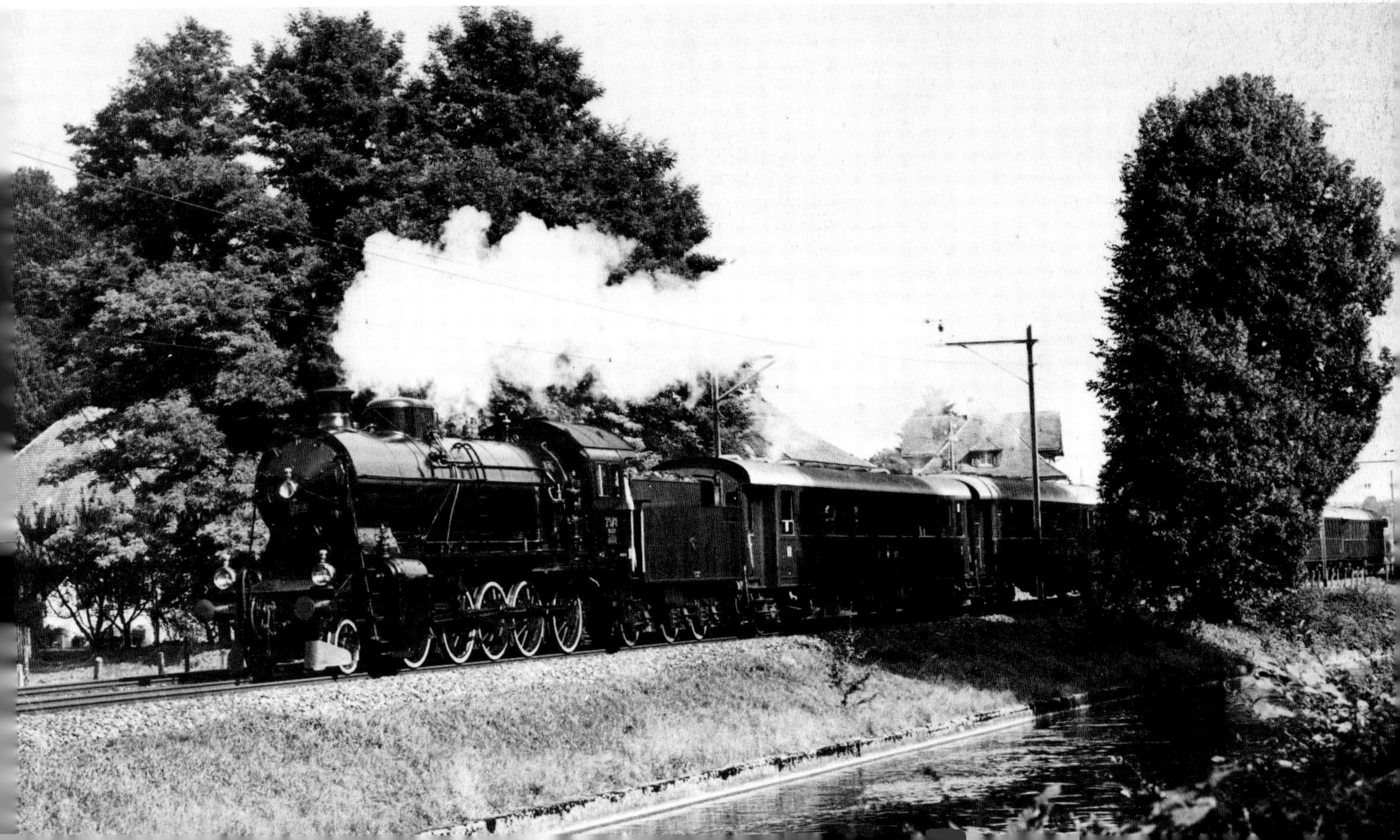

Das ‹Glättise› (Bügeleisen) CZm 1/2 31 der längst vergessenen Uerikon–Bauma-Bahn ist seit seiner mustergültigen Aufarbeitung durch SBB-Fachleute der einzige betriebsfähige Dampftriebwagen in Westeuropa! Hier dampft er von Neuthal in Richtung Bäretswil auf Geleisen der ehemaligen Uerikon–Bauma-Bahn, der heutigen Stammstrekke des Dampfbahn-Vereins Zürcher Oberland.

Unter Volldampf rattert der UeBB-Triebwagen über die Weissenbachbrücke bei Neuthal. Die Bauten der ehemaligen Spinnerei darunter sind von grossem industriegeschichtlichem Wert. Die Spinnerei wurde übrigens vom Initianten der UeBB, Adolf Guyer-Zeller betrieben. Guyer-Zeller wurde später durch den Bau der Jungfraubahn weltberühmt. Die untere Aufnahme des CZm 1/2 31 ist bei Kollbrunn im Tösstal entstanden.

17

Bei Läufelfingen auf der oberen Hauensteinlinie ist dieses wuchtige Bild der Engerth-Lokomotive ‹Genf›
entstanden. Diesem herrlichen Fahrzeug aus dem Jahr 1858 sind wir bereits im Fotobuch ‹Schweizer Bahnen –
Schweizer Landschaften› auf den Seiten 56 und 57 begegnet.

Die erste schweizeri-
sche Eisenbahn war
die ‹Spanischbrötli-
Bahn›, die 1847 den
Betrieb zwischen Zü-
rich und Baden auf-
nahm. Oben begegnen
wir dem Nachbau ei-
nes Zuges dieser Bahn
in der Station Klus der
Oensingen–Balsthal-
Bahn.

Die unten abgebildete
Ce 4/6 307 der Erlen-
bach–Zweisimmen-
Bahn wurde 1982 von
der BLS, zu deren
Gruppe die einstige
EZB heute gehört,
mustergültig restau-
riert. Vor ihrer Über-
stellung ins Verkehrs-
haus Luzern wurde die
Lok für Publikums-
fahrten eingesetzt.

Oben: Der 1924 für die ‹Sihlthalbahn› gebaute Triebwagen FCe 2/4 84 wurde von der Nachfolgegesellschaft SZU wieder in den Ursprungszustand zurückversetzt. Das hübsche Fahrzeug kann zusammen mit passenden Anhängewagen für Sonderfahrten gemietet werden.

Rechte Seite:
Ein besonderes Schmuckstück ist der restaurierte Rowan-Zug der Jungfraubahn, dem wir hier im Fallboden vor der massigen Kulisse des Eigers begegnen.

Ablösung der elektrischen SBB-Triebfahrzeuge der ersten Generationen

Ein Vergleich des SBB-Lokomotivparks der frühen achtziger Jahre mit demjenigen vor 20 Jahren zeigt grösste Unterschiede. Die schweizerischen Eisenbahnen sind zwar schon seit einem halben Jahrhundert mehr oder weniger vollständig elektrifiziert. Tiefgreifende Veränderungen, wie sie die Ablösung der Dampflokomotiven verursachte, wären damit eigentlich nicht mehr zu erwarten. In aller Stille hat sich aber dennoch ein Strukturwandel vollzogen, der heute zum grösseren Teil abgeschlossen ist: die umfassende Verjüngung des Triebfahrzeugparks.

In der Tat wurden die SBB-Schienen vor 20 Jahren von einer Vielfalt von bereits damals meist älteren Elektroloks beherrscht. Den Flachland-Güterverkehr dominierten die zuverlässigen und immer sehr populären Krokodillokomotiven aus den zwanziger Jahren und im schweren Schnellzugsdienst waren die Ae 4/7 nicht wegzudenken. In den untergeordneten Diensten war die Abwechslung gross: Da gab es die allgegenwärtigen Ae 3/6I, die Oerlikoner Heuwender Ae 3/6II, die Séchérons Be 4/7, Ae 3/5 und Ae 3/6III, die Knochenschüttler Be 4/6 (Triebwagen) usw.

Wieso kam es zu dieser Überalterung und zu dieser Typenvielfalt?

Die schnelle und umfassende Elektrifizierung in den zwanziger Jahren verursachte innert kürzester Zeit einen aussergewöhnlich hohen Bedarf an neuen Triebfahrzeugen. Einerseits bedingt durch fehlende Erfahrung im Elektrolokomotivbau und anderseits im Bestreben, das Wissenspotential der drei damals in der Schweiz produzierenden Elektro-Grossmaschinen-Hersteller BBC, MFO und SAAS (Séchéron) optimal zu nutzen, wurde eine Vielzahl von kleineren Lokomotivserien in Auftrag gegeben. Nur gerade die universell einsetzbaren Ae 3/6I und die daraus entwickelten Ae 4/7 wurden schliesslich in mehr als 100 Exemplaren gebaut.

Dieser altersmässig schlecht strukturierte Triebfahrzeugpark stellte die SBB in den beiden letzten Jahrzehnten vor die Aufgabe, innert kurzer Zeit den Grossteil der Traktionsmittel zu erneuern. Der personalintensive Unterhalt der älteren Lokomotiven wurde immer teurer und zudem waren die Maschinen mit ihren tiefen Höchstgeschwindigkeiten und relativ schwachen Leistungen den modernen Betriebsanforderungen immer weniger gewachsen.

Die in der Folge entwickelten und in grosser Anzahl beschafften Hochleistungsfahrzeuge bewirkten von 1965 bis 1980 das fast vollständige Verschwinden der stangengetriebenen Elektroveteranen aus den zwanziger Jahren. An alten Lokomotiven stehen heute nur gerade noch Ae 3/6I- und Ae 4/7-Lokomotiven in grösserer Zahl im Einsatz, wobei die verbliebenen Maschinen meist in sehr untergeordnete Dienste verdrängt worden sind. Monat für Monat werden weitere Neubau-Triebfahrzeuge abgeliefert. Obwohl die letzten Ae 4/7-Lokomotiven erst im nächsten Jahrzehnt aus dem normalen Einsatzbestand eliminiert werden sollen, ist das Schicksal der letzten Altbau-Triebfahrzeuge der SBB bald besiegelt.

Die Betriebsbilder in diesem Kapitel zeigen Vertreter dieser ersten elektrischen Wechselstrom-Lokomotivgenerationen der SBB in ihrer letzten Einsatzphase. Viele dieser Aufnahmen lassen sich bereits heute nur noch beim Einsatz einer der im ersten Kapitel vorgestellten historischen Lokomotiven wiederholen.

Elektrische SBB-Streckentriebfahrzeuge mit Baujahr vor 1945

für Einphasen-Wechselstrom 15 kV, 16⅔ Hz

	Serie	Nummern vor Ausrangierung	Inbetrieb-setzung	Erbauer	Offizieller Einsatzbestand SBB					
					Bauj.	1965	1970	1975	1980	1983
Lokomotiven	Ce 6/8I	14201 (1)	1919	SLM, BBC	1	1	1	1	1	–
	Be 4/6	12303-42	1920-23	SLM, BBC	40	40	12	4	1*	1*
	Be 4/7	12501-06	1922	SLM, SAAS	6	6	3	3	1*	1*
	Ce 6/8II	14266-85	1920-22	SLM, MFO	33	20	12	10	10	3
	Be 6/8II	13251-65 (2)	1920-21	SLM, MFO	–	13	11	6	2+1*	1*
	Be 6/8III	13301-18 (3)	1926-27	SLM, MFO	18	18	13	4	1*	1*
	De 6/6	15301-03	1926	SLM, BBC	3	3	3	3	3	3
	Ae 3/6I	10601-714	1921-29	SLM, BBC/MFO/SAAS	114	114	114	111	83	74
	Ae 3/6II	10401-60	1924-26	SLM, MFO	60	60	41	14	1*	1*
	Ae 3/5	10201-26	1922-25	SLM, SAAS	26	26	24	22	15	9
	Ae 3/6III	10261-71	1925-26	SLM, SAAS	11	11	10	7	2	1*
	Ae 4/7	10901-11027	1927-34	SLM, BBC/MFO/SAAS	127	127	127	127	125	122
	Ae 8/14	11801, 51, 52	1931, 32, 40	SLM, BBC/MFO	3	3	3	2	1	1*
	Ae 4/6	10801-12	1941-45	SLM, BBC/MFO/SAAS	12	12	11	11	9	2
Triebwagen	Be 4/6	1601-19 (4)	1923-27	SIG, SWS, SAAS	19	19	17	14	14	14
	De 4/4	1661-85 (5)	1927-28	SIG, SWS, SAAS	25	25	24	19	17	15
	RA/Be 2/4	1001-09 (6)	1935-38	SLM, BBC/MFO/SAAS	9	7	3	2	2	2
	RBe 2/4	1010	1938	SLM, SIG, MFO, SAAS	1	1	1	1	–	–
	RAe 4/8	1021 (7)	1939	SLM, SWS, BBC, MFO, SAAS	1	1	1	1	–	–

Bestandesdaten jeweils per 1. Januar

* Betriebsfähige historische Lok
(1) Probelok. Seit 1982 im Verkehrshaus Luzern.
(2) 1942–47 aus Ce 6/8II umgebaut. Nummern 13260 und 62 nicht besetzt.
(3) ex Ce 6/8III
(4) ausser 1601 ab 1958–67 mit neuem Kasten.
(5) 1661–71 ab 1966–71 mit neuem Kasten.
(6) 1008 und 1009 Umbau aus Dieseltriebwagen. Ausrangiert 1964.
(7) Die 1953 in abweichender Bauart nachbeschafften RAe 4/8 1022 und 23 hier nicht erfasst.

Abkürzungen:
SLM Schweizerische Lokomotiv- und Maschinenfabrik, Winterthur
BBC AG Brown, Boveri & Cie, Baden
SAAS SA des Ateliers de Séchéron, Genève

MFO Maschinenfabrik Oerlikon, Zürich-Oerlikon
SIG Schweizerische Industriegesellschaft, Neuhausen am Rheinfall
SWS Schweizerische Waggon- und Aufzügefabrik AG, Schlieren

Weitere in dieser Tabelle nicht erfasste Fahrzeuge:
– Betriebsfähige Lokomotiven in Privatbesitz:
   Be 6/8III 13302, Modelleisenbahnclub Horgen
   Be 6/8II 13257, als 1189.10 in Österreich
   Ce 6/8II 14282, Verein Historische Eisenbahn Frankfurt
– Lokomotiven, die in Museen stehen oder dafür vorgesehen sind und sich nicht mehr im SBB-Einsatzbestand befinden.
– div. Probelokomotiven, ausser Ce 6/8I 14201
– 2 Midi-Triebwagen Be 2/4 711, Be 4/4 721
– 2 Schnelltriebzüge RABDe 8/12 mit Umbauvarianten.

Oben: Stolz wie in jungen Tagen sind die Ce 6/8I 14201 und die Be 4/6 12339 von der Lötschberglinie her kommend in Brig eingetroffen. Diese besondere Zugskomposition kam zum Anlass der Übergabe der Be 4/6 an die italienische FS in Domodossola zustande. Im Gegenzug erhielten die SBB eine italienische E431-Drehstromlok, die Ähnlichkeiten mit den früher auf der SBB-Simplonlinie eingesetzten Drehstromloks aufweist. Die E431 steht heute im Luzerner Verkehrshaus, während die Be 4/6 gelegentlich in einem italienischen Museum aufgestellt werden soll.

Rechte Seite:
Oben: Das letzte Einsatzgebiet der Be 4/6 war der Raum Winterthur, wo die letzten Maschinen vorwiegend vor Stückgüterzügen eingesetzt wurden. Hier begegnen wir der Be 4/6 12339 mit einem solchen Zug auf der Wildbachbrücke bei Wetzikon.
Unten: Im Sommer 1976 wurde die Be 4/7 12506 kurzzeitig im Luzerner Verkehrshaus ausgestellt. Die im Entlebuch entstandene Aufnahme zeigt die Lok von Bern her kommend auf der Überstellfahrt nach Luzern. Zuglok ist die heutige Museumslok Be 4/7 12504.

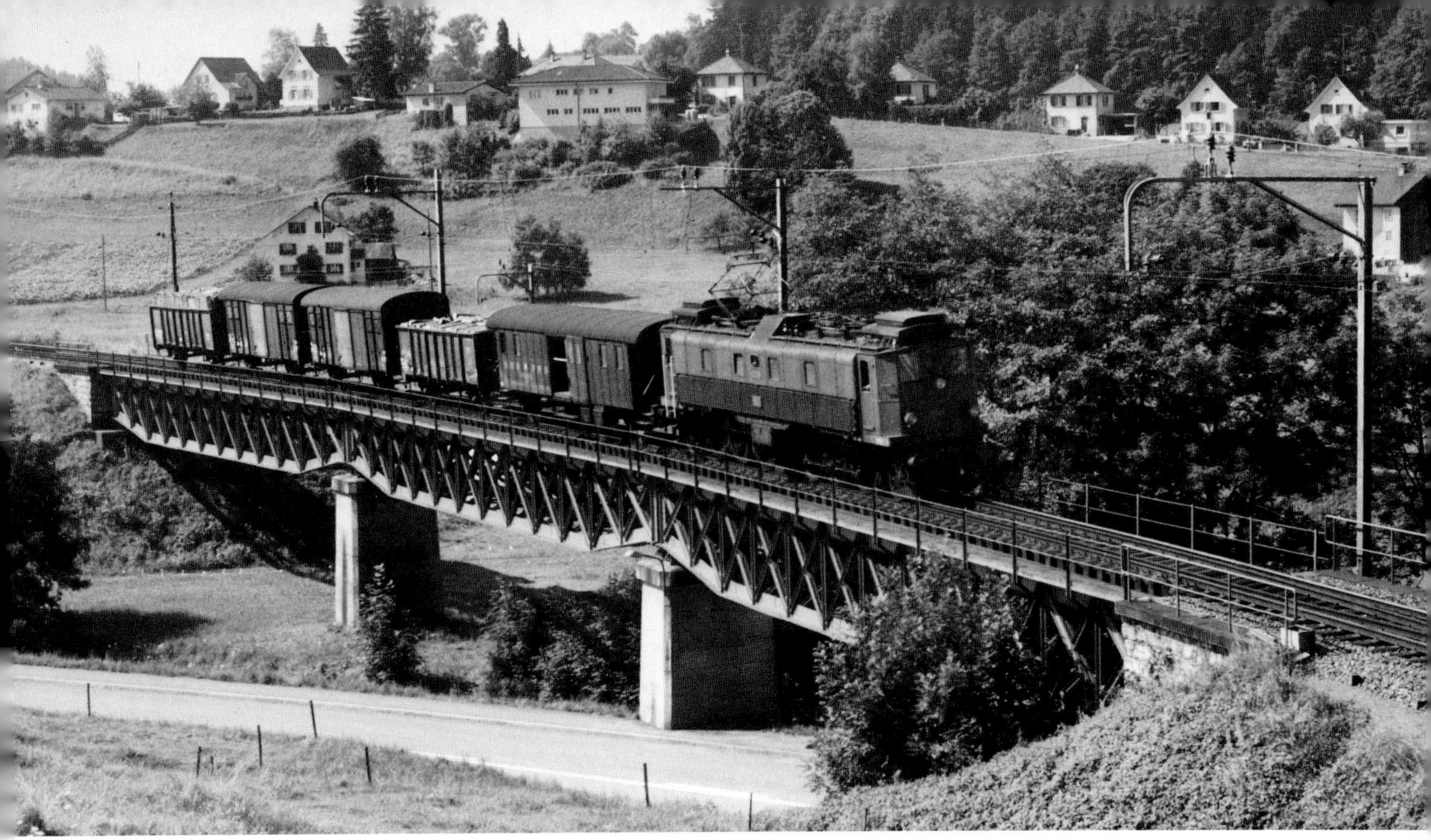

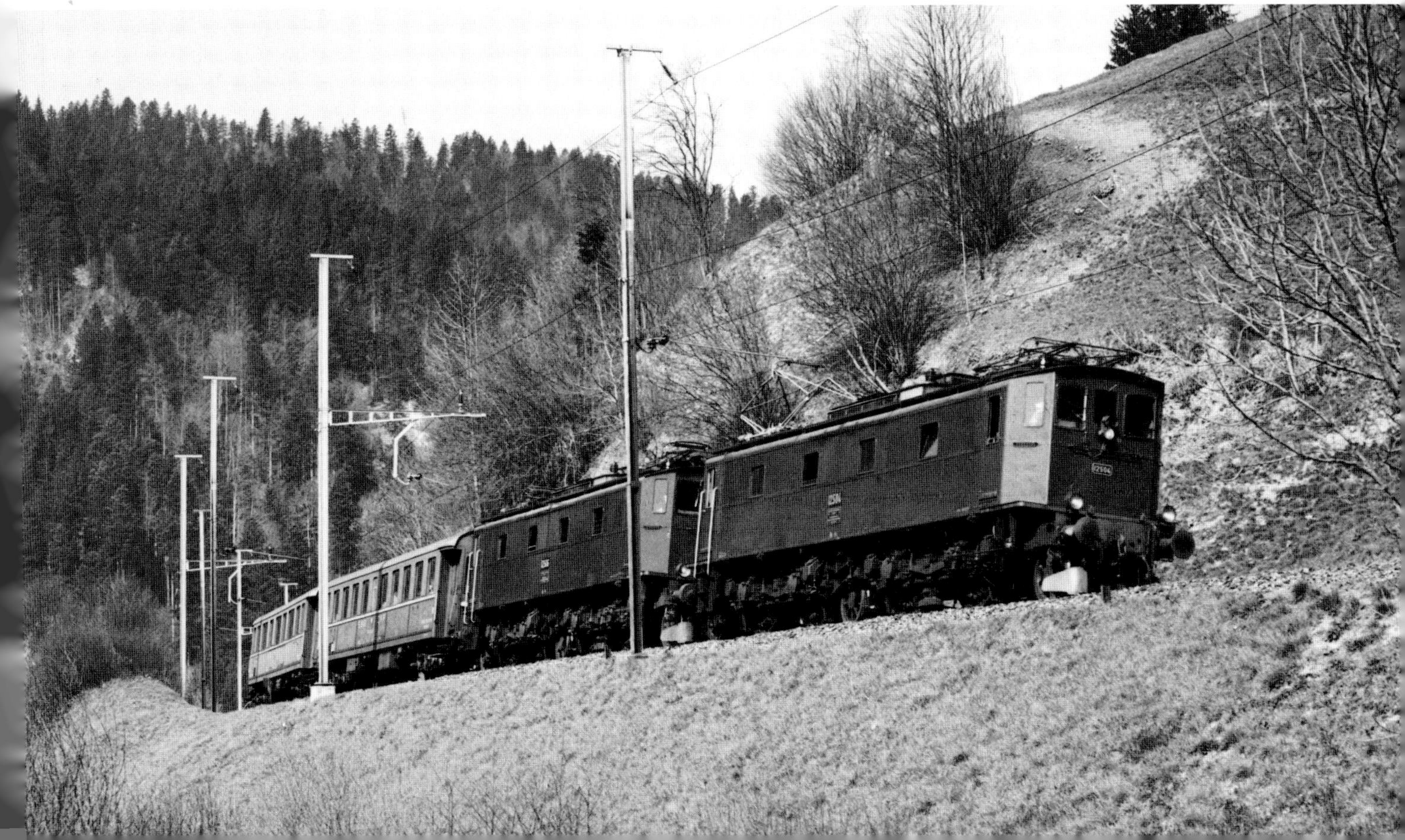

Linke Seite:
Auch dieses Bild zeigt die Be 4/7 12504 noch vor ihrer Herrichtung als Museumslok. Ihr Schnellgutzug hat eben die Wallfahrtskirche und das frühere Franziskanerkloster im luzernischen Werthenstein passiert.

Oben: Solche Lokomotivparaden waren noch Mitte der siebziger Jahre möglich! Vor dem Depot Luzern stehen von links nach rechts die Ae 3/5 10217, Ae 3/6III 10262, Ae 3/6I 10684, Ae 3/6II 10402 und die Be 4/7 12506, während auf der Drehscheibe die Be 4/7 12504 posiert.

Linke Seite:
Die ‹Krokodile› sind ohne Zweifel auch heute noch die bekanntesten und auch die populärsten SBB-Lokomotiven. Oben treffen wir die Be 6/8II 13254 im Bahnhof Airolo, unten die Be 6/8III 13305 im Depot Luzern. Deutlich sind die unterschiedlichen Antriebsmechanismen der beiden Lokomotivtypen zu unterscheiden. Beide abgebildeten Maschinen werden übrigens erhalten bleiben. Die Lok 13254 steht im Verkehrshaus Luzern, während die Lok 13305 mit ihrer ursprünglichen Bezeichnung Ce 6/8III 14305 als historische Lok dem Depot Basel SBB zugeteilt ist.

Oben: Nach Revisionsarbeiten in der Werkstätte Bellinzona erreicht die Be 6/8II 13258 das vernebelte Göschenen am Nordportal des Gotthardtunnels.

Mitte: Die Ce 6/8II 14269 ist ein Krokodil, das die letzten Jahre vor seinem Ausscheiden als Rangierlok verbrachte. Die Maschinen wurden zu diesem Zweck baulich angepasst, wobei ihr Äusseres empfindlich an Charakter einbüsste. Das Bild zeigt die Lok im ersten provisorischen Teilstück des Rangierbahnhofs Zürich Limmattal.

Unten: Von Möhlin her kommend erreicht die Be 6/8III 13305, die heutige Museumslok Ce 6/8III 14305, den Bahnhof Rheinfelden.

29

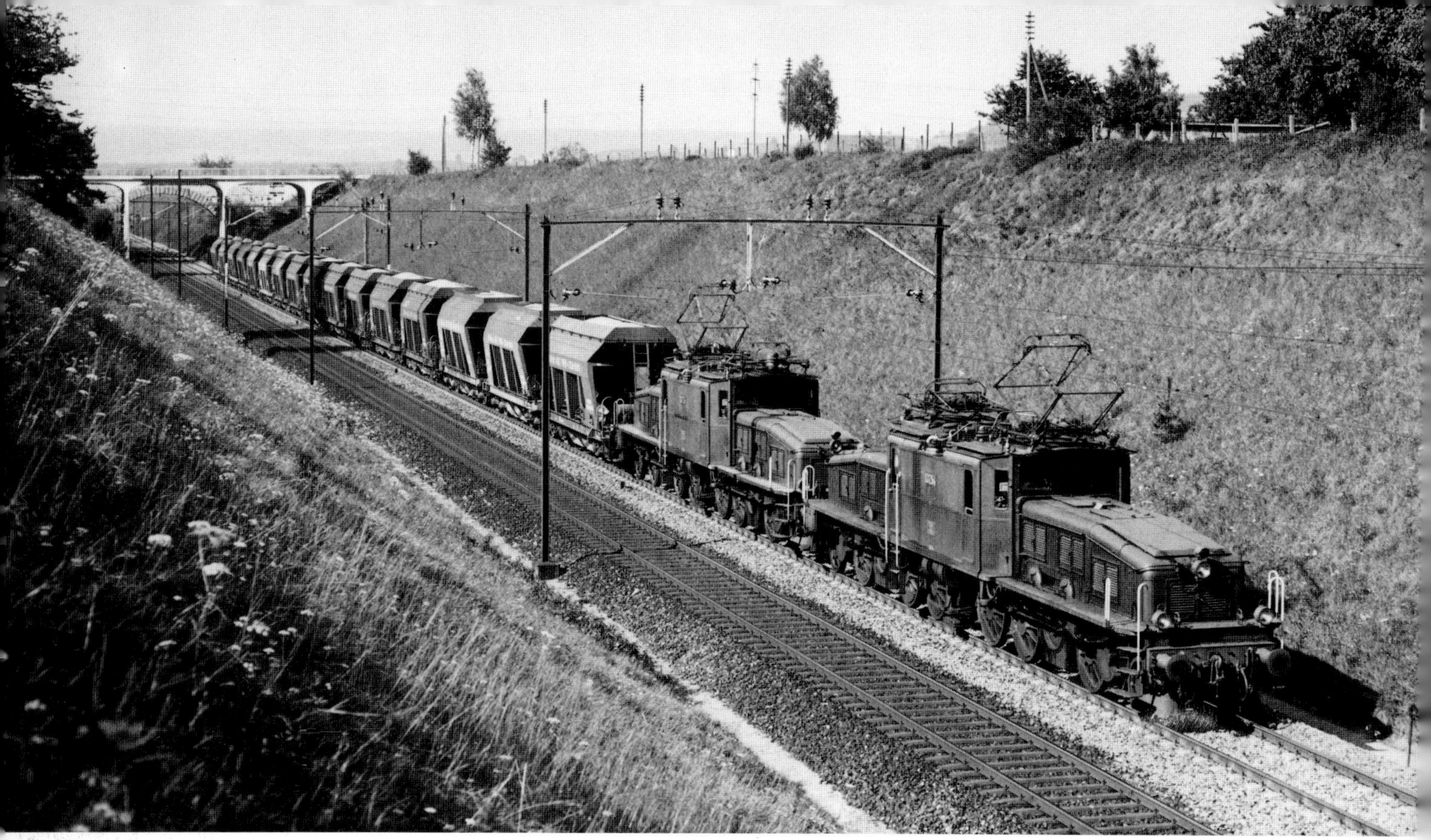

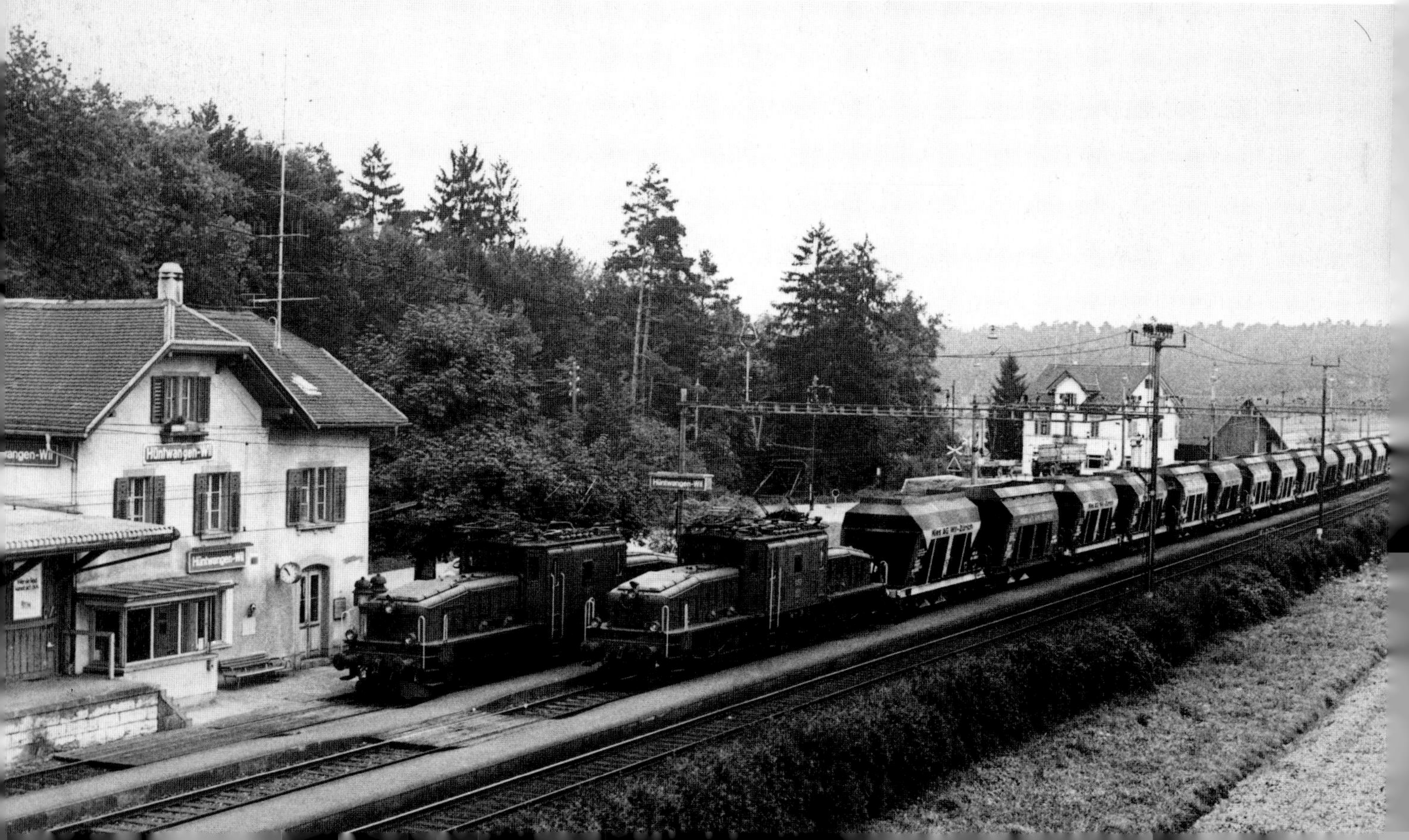
Hüntwangen-Wil
Hüntwangen-Wil
Hüntwangen-Wil

Oben: Bei Eschenz am Untersee an der Bahnstrecke Kreuzlingen – Schaffhausen ist diese Aufnahme eines leeren Kieszuges entstanden. Die Be 6/8II 13255 führt die Komposition von Tägerwilen zurück nach Zweidlen.

Linke Seite:
Die letzte grosse Aufgabe für die in Zürich stationierten Krokodile war der Einsatz vor schweren Kies-Blockzügen ab Zweidlen und Hüntwangen im Zürcher Unterland.
Oben: Gleich zwei Krokodile sind diesem bei Glattfelden aufgenommenen Kieszug von Hüntwangen nach Effretikon vorgespannt. Wegen der starken Steigung von Winterthur nach Effretikon leistet die Be 6/8II 13255 der Schwesterlok 13254 aus Lastgründen Vorspann.
Unten: Vor dem Aufnahmegebäude des ‹Kiesbahnhofs› Hüntwangen-Wil wartet die Be 6/8II 13254, während auf dem zweiten Gleis die heute als Museumslok in Erstfeld beheimatete Lok 13253 mit einem Leerwagenzug manövriert.

Oben: Die Be 6/8II 13256 hat von Hüntwangen her
kommend das Rafzerfeld verlassen und strebt mit ihrem
schweren Zug in Richtung Glattfelden.

Rechte Seite:
Anlässlich eines Jazz-Festivals verkehrten am 5. Sep-
tember 1976 zwei Extrazüge für Jazzmusiker und ihre
Fans rund um den Zürichsee. Beide Züge verliessen
gleichzeitig den Zürcher Hauptbahnhof. Der Zug links
mit der Be 6/8II 13257 umrundete den See im Uhrzei-
gersinn, der andere Zug mit der Be 6/8II 13255 entge-
gengesetzt. Ebenso parallel wie diese Abfahrt erfolgte
einige Stunden später die Rückkehr in den Zürcher
Kopfbahnhof.

Für die Seetallinie Wildegg – Luzern und Beinwil – Beromünster wurden 1926 drei verkleinerte Krokodile gebaut. Auf der oberen Aufnahme ist die De 6/6 15301 mit dem Stückgüterzug eben im Bahnhof Beinwil am See eingetroffen. Im Mai 1983 haben Re 4/4II-Lokomotiven diese Lokserie ersetzt. Einzig die abgebildete Lok 15301 bleibt als historisches Fahrzeug auf der Oensingen- Balsthal-Bahn erhalten. Unten begegnen wir der De 6/6 15302 bei einem seltenen Einsatz vor einem reinen Personenzug.

34

Der Bahnhof Aarburg-Oftringen bei Olten hat sich seit dem Zeitpunkt dieser beiden Aufnahmen gewaltig verändert. Sowohl das altertümliche Stellwerkgebäude wie auch die hölzerne Perronhalle sind heute verschwunden. Auch die Ae 3/6II-Lokomotiven sind heute in Aarburg nicht mehr anzutreffen. Gleich zwei Mal begegnen wir der Ae 3/6II 10453, oben mit einem Schnellgutzug und unten zusammen mit der Ae 4/7 11002 vor einem Regionalzug.

Mit einem von Arth-Goldau her kommenden Stückgüterzug erreicht die Ae 3/6II 10453 das Eisenbahnerdorf Erstfeld am Nordfuss der Gotthard-Rampenstrecke.

In Turgi begegnen wir der Ae 3/6II 10410 vor einem Schnellgutzug.

Oben: Eine einzigartige Sonderaufgabe erfüllte die Ae 3/6II 10402 am 9. Januar 1975, als sie den überzählig gewordenen früheren TEE-Dieseltriebzug RAm 502 zur Remisierung von Zürich nach Glarus schleppte. Die Komposition durchfährt eben den Bahnhof Pfäffikon SZ. Der RAm wurde später nach Kanada verkauft, wo er zusammen mit drei gleichartigen Zügen aus Holland weiter eingesetzt wird.

Unten: Ganz gewöhnlich demgegenüber ist die Regionalzugkomposition auf dieser Aufnahme der Ae 3/6II 10407 bei Meierskappel. Der Zug ist vor der Kulisse der Rigi unterwegs ins aargauische Freiamt.

Rechte·Seite: Die Ae 3/6I 10614 wurde bereits 1923 in Betrieb genommen. In ihrem 60. Betriebsjahr ist dieses Bild vor der eindrücklichen Felsenkulisse der Churfirsten bei Walenstadt entstanden.

38

Die Ae 3/6I sind bewährte Maschinen, die im schweizerischen Mittelland vor Zügen aller Gattungen anzutreffen waren. Oben begegnen wir bei Eglisau einem Personenzug, der von der Lok 10677 von Koblenz nach Winterthur geführt wird. Die untere Aufnahme zeigt Lok 10670 vor einem Nebenaufgabenzug in Pfäffikon SZ.

Auf der Linie ins Glarnerland sind auch heute noch häufig Ae 3/6I-Lokomotiven anzutreffen. Hier zeigt sich die Lok 10636 mit einem Regionalzug nach Linthal vor dem schlossartigen Bahnhofgebäude des Kantonshauptortes Glarus.

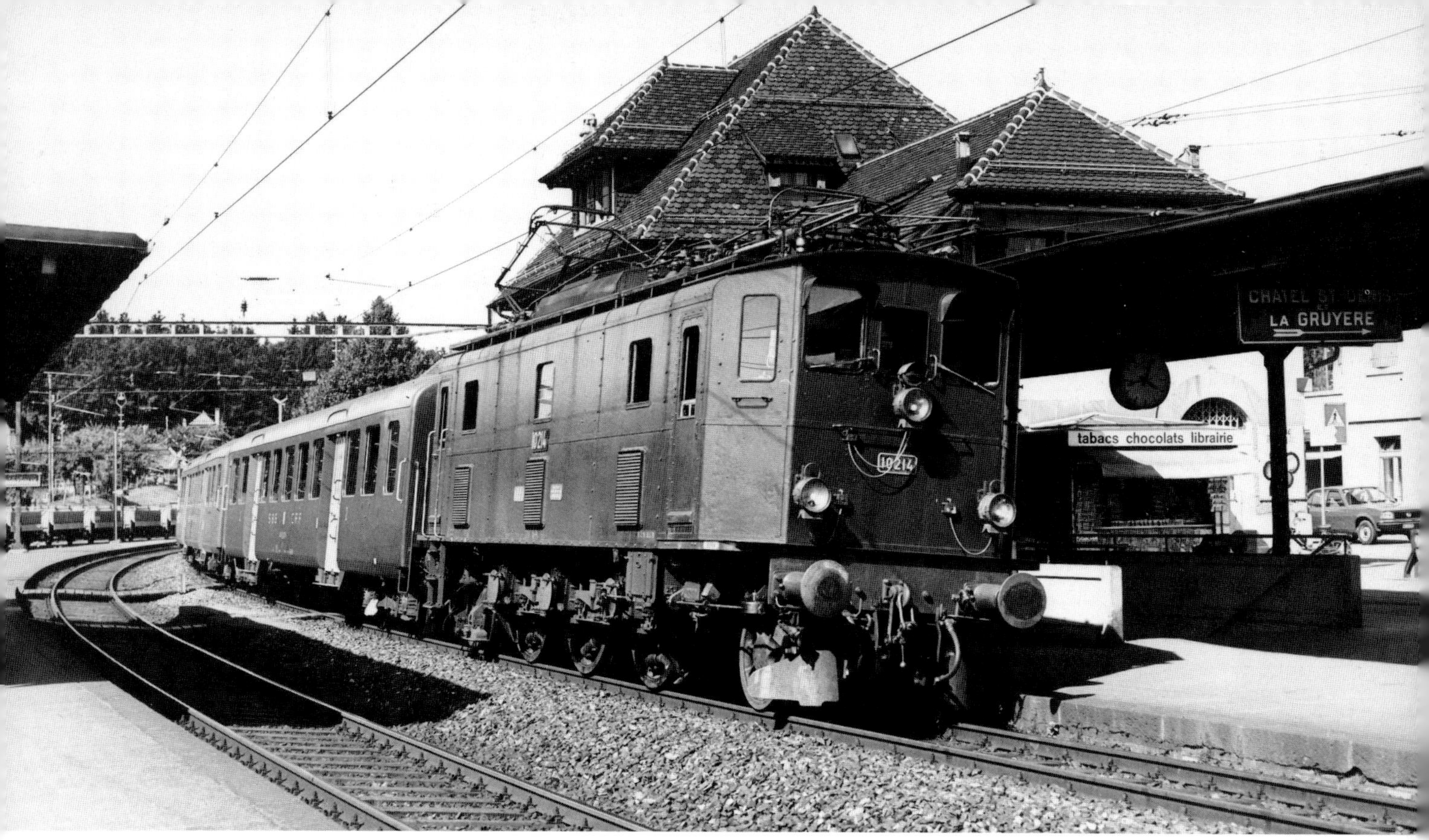
LA GRUYERE
tabacs chocolats librairie
10214

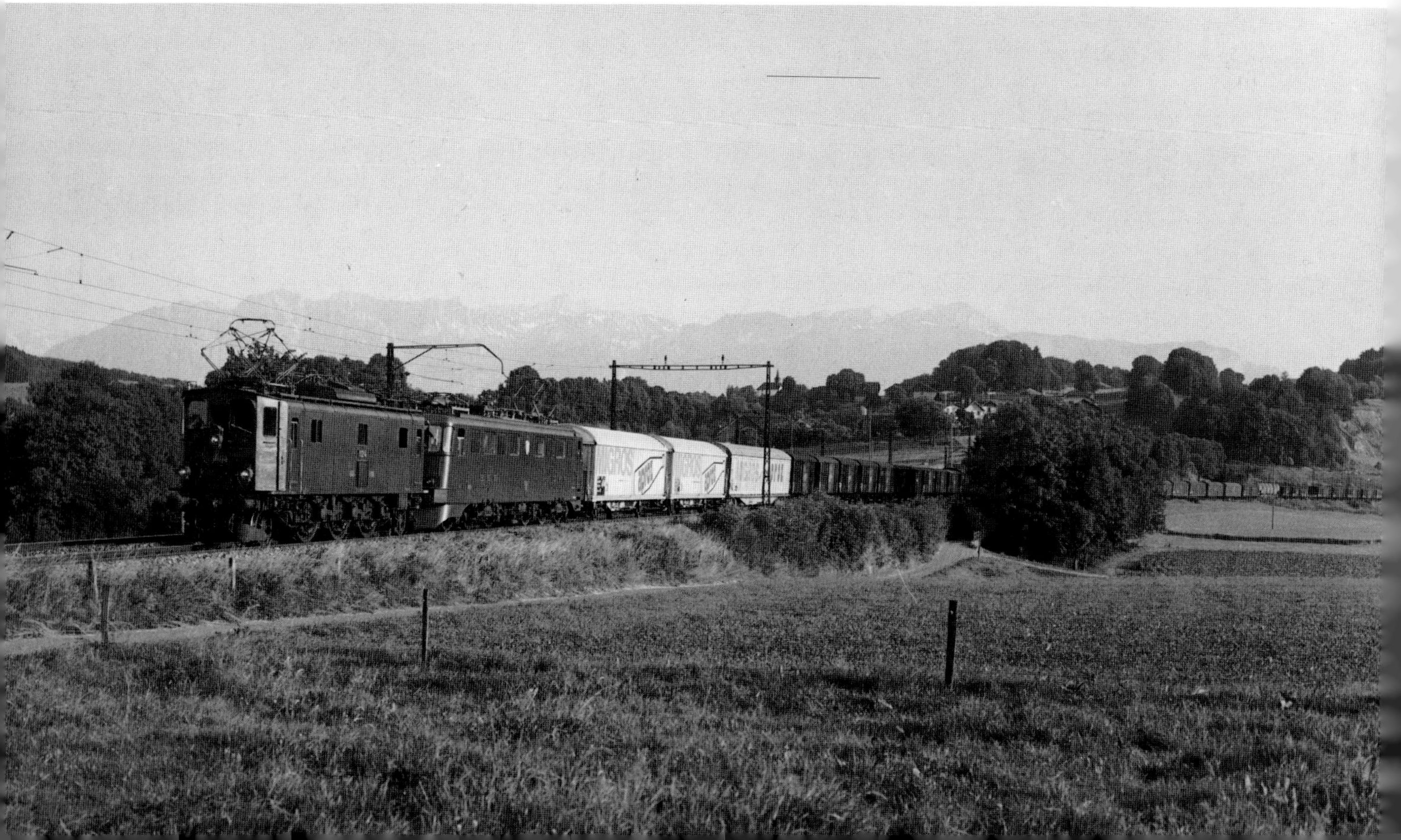

Linke Seite:
Die bei Séchéron gebauten Ae 3/5 und Ae 3/6III waren meistens in der Westschweiz anzutreffen. Die obige Aufnahme zeigt die Ae 3/5 10214 vor einem Regionalzug nach Lausanne in Palézieux. Auf der unteren Aufnahme kehrt die gleiche Lok nach Bern zurück. Vor einem schweren Güterzug leistet sie der Ae 6/6 10479 Vorspanndienst. Bei Moreillon sind die Savoyer Alpen immer noch zu sehen.

Zwischen les Verrières und Pontarlier verkehren die Züge der SBB 14 km weit auf französischem Boden. Beim trutzigen Fort de Joux sehen wir die Ae 3/6III 10262 bei der Rückkehr in die Schweiz. Auf dem unteren Bild treffen wir die Ae 3/5 10222, eine Lokomotive in der umgebauten Version für Pendelzüge, auf italienischem Boden. In Iselle di Trasquera verlässt sie eben mit einem Autozug den 19,8 km langen Simplontunnel, den zur Zeit immer noch längsten Eisenbahntunnel der Welt.

43

Oben: Die eleganten Ae 4/7 werden noch einige Jahre lang den schweizerischen Eisenbahnbetrieb mitprägen, allerdings meistens in untergeordneten Diensten. Hier zieht die Lok 11023 wie in ihren jungen Tagen den aus 15 Wagen bestehenden Beograd-Zürich-Express von Buchs SG nach Sargans. Solche Bilder von Ae 4/7 vor internationalen Schnellzügen haben heute sehr grossen Seltenheitswert!

Rechte Seite:
Die drei sehr unterschiedlichen Ae 8/14-Doppelloko-motiven für die Gotthardstrecke sind interessante Einzelstücke geblieben. Heute ist nur noch die 1931 erbaute Lok 11801 betriebsfähig. Ihre Erhaltung als historische Lok scheint gesichert. Hier begegnen wir ihr vor einem historischen Zug anlässlich der SBB-Gotthard-Schau von 1981 vor der hübschen Pfarrkirche St. Albin bei Silenen an der Gotthard-Nordrampe.

So präsentierte sich die Ae 8/14 11851 in ihrem letzten Bauzustand bis zu ihrem Abbruch. Eben ist sie als Leervorspann vor einem Güterzug von Göschenen her in Erstfeld eingetroffen und rangiert jetzt ins Depot.

Die 1939 für die Landesausstellung in Zürich erbaute »Landilok« Ae 8/14 11852 galt lange als die stärkste Lok der Welt. Seit einem schweren Brandschaden im Jahr 1972 ist die Lok ausser Betrieb. Der populäre Einzelgänger steht heute im Verkehrshaus Luzern.

Die 12 Ae 4/6-Lokomotiven wurden als Weiterentwicklung der Ae 8/14 11852 in den Jahren 1941 bis 45 erbaut. Trotz ständigen Verbesserungsversuchen haben sie sich jedoch überhaupt nicht bewährt. Unser Bild zeigt die Lok 10805 mit einem Nebenaufgabenzug in Biasca am Südfuss der Gotthardrampe.

46

In Doppeltraktion waren die Ae 4/6 in der Lage, eine Ae 8/14 zu ersetzen. Die beiden Ae 4/6 10811 und 10805 haben eben den Wattingertunnel bei Wassen verlassen und befinden sich wie nebenan die Ae 8/14 11852 auf der Wattingerbrücke über die Reuss.

Auch der legendäre ‹Churchillpfeil› RAe 4/8 1021 entstand 1939 aus Anlass der Zürcher Landesausstellung. Nach einem technischen Schaden wurde der Einzelgänzer 1979 ausrangiert.
Hier begegnen wir dem für 150 km/h ausgelegten Fahrzeug allerdings noch auf stolzer Fahrt für eine Hochzeitsgesellschaft am 20. Mai 1977 bei Thalwil am Zürichsee.

Rechte Seite:
In den Krisenjahren nach 1930 beschafften die SBB schnellfahrende Leichttriebwagen, die als ‹rote Pfeile› bekannt wurden. Heute sind noch zwei Exemplare im Besitz der SBB. Sie werden vorwiegend für Extrafahrten eingesetzt. Hier begegnen wir dem RAe 2/4 1002 im alten Bahnhof Bassersdorf, der in der Zwischenzeit im Zusammenhang mit dem Bau der Klotener Flughafenbahn durch eine neue Stationsanlage an anderer Stelle ersetzt worden ist.
Unten: Ein besonderes Einzelfahrzeug war der ‹Jurapfeil› RBe 2/4 1010, dem wir hier als ‹Hafenzug› Rorschach Bahnhof–Rorschach Hafen begegnen. Das heute abgebrochene Fahrzeug wurde 1938 von Gemeinden im Jura finanziert, die dadurch als Gegenleistung Fahrplanverbesserungen in ihrer Region einhandelten.

Bassersdorf
SBB CFF FFS
Auch im Beruf sicher ans Ziel

Rorschach
SBB CFF

Die ursprünglich für den Vorortsverkehr beschafften De 4/4-Gepäcktriebwagen fanden ihres geringen Gewichtes wegen ein letztes Einsatzgebiet auf der Strecke Sulgen – Gossau, wo zwei Brücken Achsdruckbeschränkungen erfordern. Die eine dieser Brücken, die Sorentalbrücke zwischen Bischofszell Stadt und Hauptwil, wird eben von den beiden De 4/4 1682 und 1673 vor einem Güterzug überquert.

Oben: 11 alte De 4/4-Triebwagen erhielten in der zweiten Hälfte der sechziger Jahre einen neuen Wagenkasten. Im Seetal und in der Vallée de Joux sind diese Fahrzeuge nach wie vor unentbehrlich. Der modernisierte De 4/4 1662 ist eben in Ermensee im Seetal eingetroffen.

Unten: Auch die Be 4/6-Personentriebwagen wurden in ähnlicher Weise modernisiert. Auf der Strecke St-Maurice–St-Gingolph begegnen wir hier einem Pendelzug mit dem Triebwagen 1618.

Elektroveteranen bei normalspurigen Privatbahnen

Mit der Verstaatlichung der Hauptlinien begann ein neuer Abschnitt in der schweizerischen Eisenbahngeschichte, die indes nicht einfach zur Geschichte der SBB geworden ist. Die SBB übernahmen sämtliche zur Jahrhundertwende bereits existierenden Hauptlinien, die mit Ausnahme der meterspurigen Brüniglinie Luzern–Interlaken normalspurig angelegt waren. Es sind damals nur wenige normalspurige Privatbahnen übrig geblieben.

Es ist nötig, den Begriff ‹Privatbahnen› zu erklären. Alle diese Gesellschaften sind rechtlich in der Form von Aktiengesellschaften organisiert, wobei heute mit Ausnahme von Touristenbahnen die überwiegende Mehrheit der Aktien in öffentlichem Besitz bei Gemeinden, Kantonen und teilweise sogar beim Bund sind. Der Begriff ‹Privatbahnen› hat sich aber eingelebt, obwohl korrekt von ‹nicht bundeseigenen Bahnen› gesprochen werden sollte.

Einige wichtige Privatbahnlinien sind erst in unserem Jahrhundert entstanden. Unter Führung des Kantons Bern wurde die Lötschbergbahn erbaut. Die SBB, der Bund sowie die benachbarten Kantone waren gegenüber diesem Projekt sehr skeptisch eingestellt. Bern konnte als wichtigen Partner Frankreich gewinnen, das nach dem Verlust von Elsass-Lothringen grosses Interesse an dieser Transitachse zeigte. In der Ostschweiz wurde zur gleichen Zeit das Netz der Bodensee-Toggenburg-Bahn mit der wichtigen Strecke St. Gallen – Wattwil erstellt.

Von Privatbahnen sind immer wieder Impulse ausgegangen, die weit über ihre Bereiche hinaus Anerkennung und Nachahmung gefunden haben.

Besonderen Mut zeichnet immer wieder die BLS aus, die aller früheren Skepsis zum Trotz eine erstrangige Transitbahn geworden ist. Erst die Erfahrung am Lötschberg überzeugte die SBB von der Durchführbarkeit der elektrischen Vollbahntraktion, was wenig später zum Beginn der Elektrifizierung der SBB-Strecken führte. Der bereits früher eingeführte Drehstrom-Versuchsbetrieb auf der Simplonlinie konnte die SBB nicht restlos überzeugen.

Bei der Beschaffung neuer Lokomotivgenerationen leistet die BLS beinahe aus Tradition immer wieder international beachtete Vorarbeit. Die Stangenlokomotiven von 1910 wurden zu ihrer Zeit ebenso bestaunt wie heute die mit Thyristoren und Wellenstrommotoren ausgerüsteten Re 4/4, die ihren SBB-Schwestern überlegen sind. Die älteren Ae 6/8 beeindrucken durch ihre Massigkeit, aber auch durch ihre Leistungsfähigkeit. Wie gross ist aber immer das Erstaunen, wenn man bedenkt, dass die beiden ersten dieser acht Maschinen bereits seit 1926 im Einsatz stehen! Die ab 1944 beschafften Ae 4/4 schliesslich sind die ersten laufachslosen Bo'Bo'-Schnellzugslokomotiven der Welt und gelten daher als Vorbild ganzer Lokomotivgenerationen.

Ganz andere Anforderungen gelten für die beiden normalspurigen Zahnradbahnen auf die Rigi. Die Vitznau–Rigi-Bahn wurde bereits 1871 als erste reine Zahnradbahn in Europa eröffnet und weltweit bestaunt! Diese epochemachende Pioniertat führte zum Bau zahlreicher weiterer Zahnradbahnen und begründete die führende Rolle der schweizerischen Industrie beim Bau von Bergbahnen.

Für leichtere Züge auf den Bahnen der BLS-Gruppe wurden in den frühen zwanziger Jahren insgesamt 17 Ce 4/6-Lokomotiven gebaut. Der Ce 4/6 307 sind wir auf Seite 19 begegnet. 10 Maschinen aus dieser Serie wurden in den fünfziger Jahren in Ce 4/4 umgebaut, darunter auch die abgebildete Ce 4/4 308. Sie ist bei Oey-Diemtigen mit einem Regionalzug von Spiez nach Zweistimmen unterwegs. Der Niesen im Hintergrund ist ein bekannter Aussichtsberg.

Oben: Diese Aufnahme des Schwertriebwagens De 4/5 796 der BLS ist im untersten Abschnitt der Simmentaler Strecke in der Nähe der Haltestelle Spiezmoos entstanden. Dieses Fahrzeug wurde 1929 als kombinierter Personen- und Gepäcktriebwagen für die Bern–Neuenburg-Bahn erbaut. Mehrere Umbauten veränderten immer wieder sein Aussehen. Der Wagen dient heute nur noch als Reservefahrzeug. Streckeneinsätze sind recht selten geworden.

Rechte Seite:
Die beiden Te 2/3 31 und 32 der BLS wurden ursprünglich als Lokomotivteil für die als ‹Halbesel› bekannt gewordenen Triebwagen eingesetzt. Heute werden sie für Bahndiensttransporte verwendet. Oben begegnen wir dem Te 2/3 32 auf Unkrautvertilgungsfahrt auf dem berühmten Bietschtalviadukt. Unten treffen wir den Leichttriebwagen ABDe 2/8 702 der SEZ in Kumm am Thunersee. In der Zwischenzeit haben moderne Pendelzüge die vier Fahrzeuge dieser Serie abgelöst. Eine alte Einheit hat jedoch auf der OeBB zwischen Oensingen und Balsthal ein neues Wirkungsfeld gefunden.

54

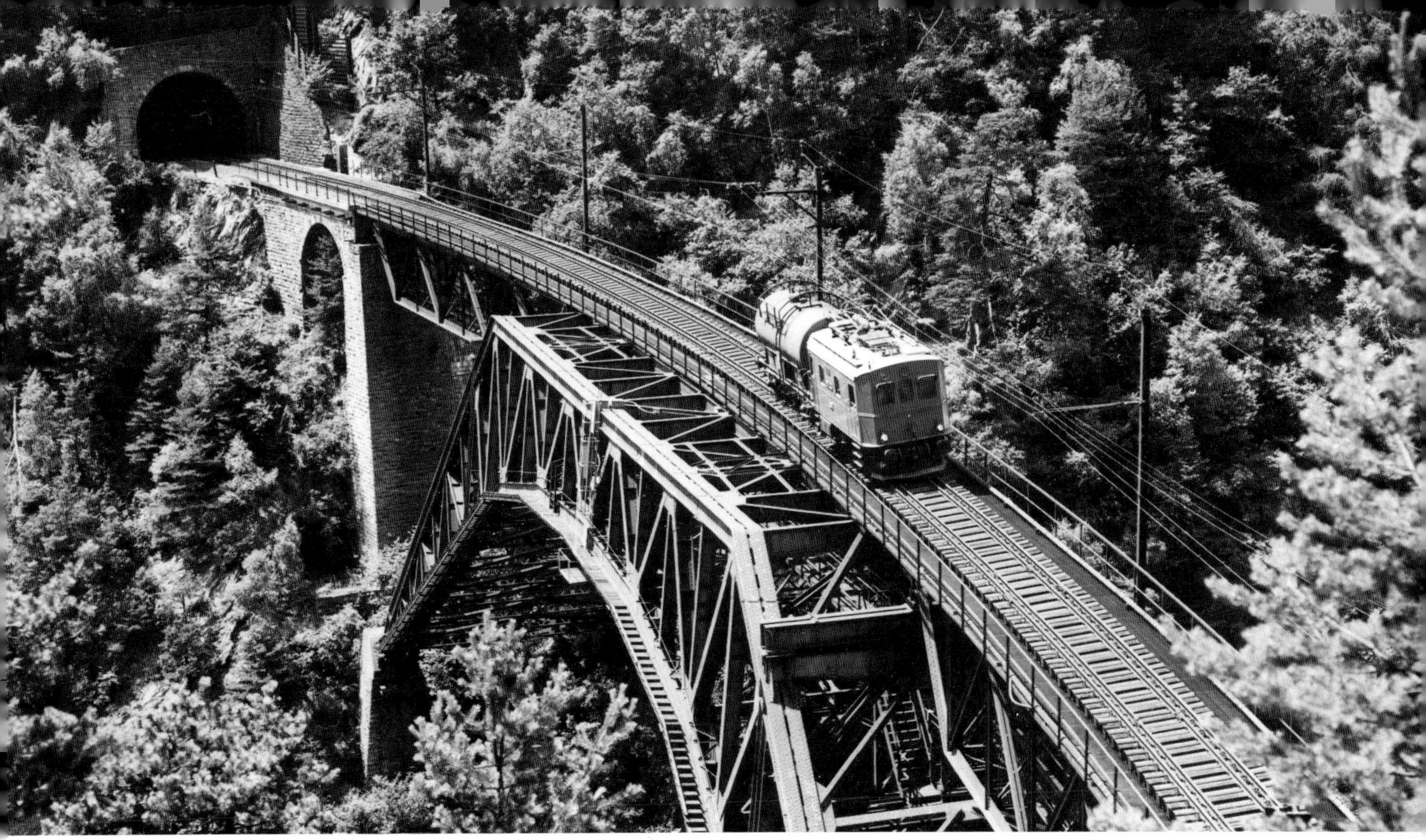

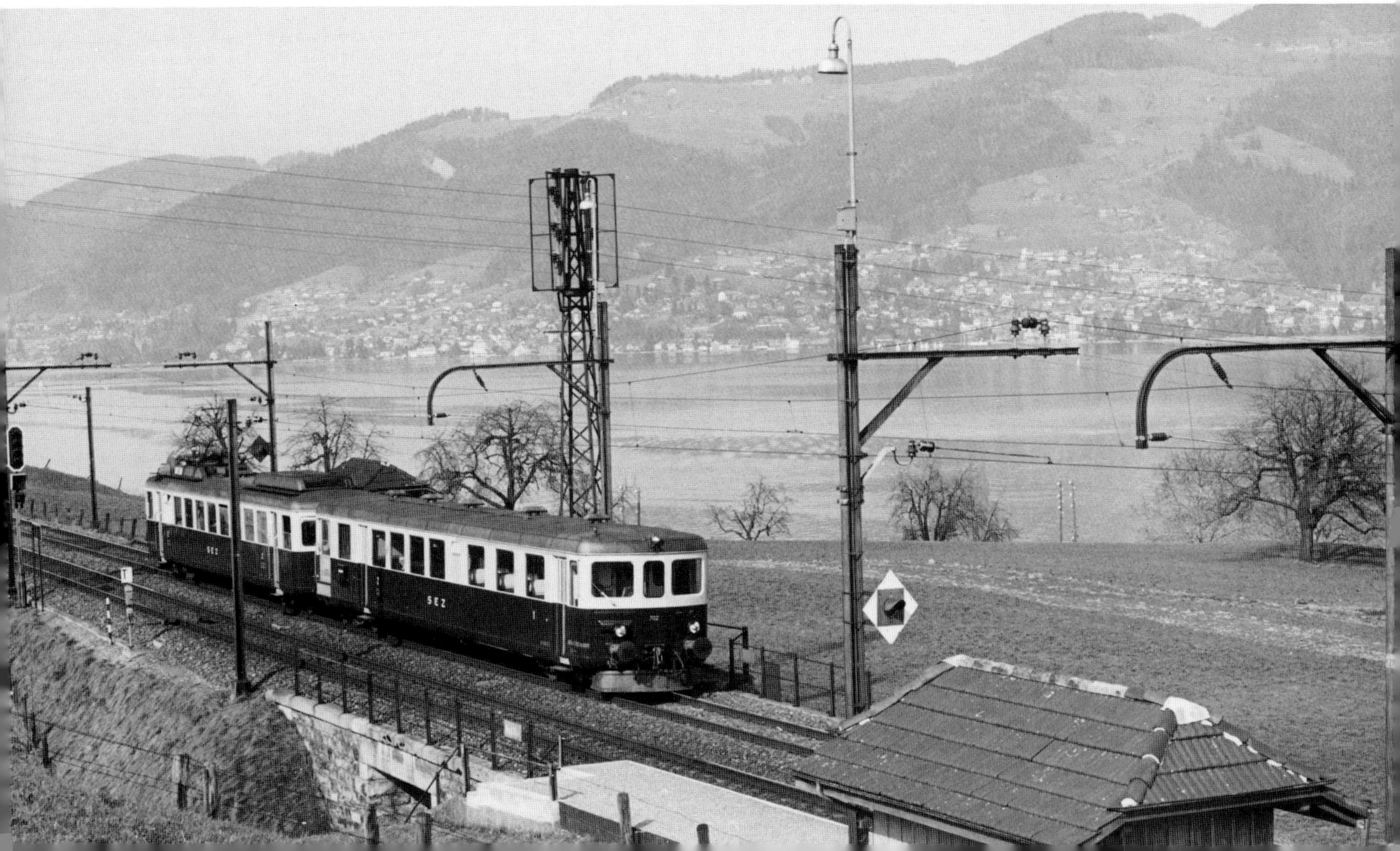
SEZ

Oben: Seit dem Erscheinen der BLS-Re 4/4 sind die wuchtigen Ae 6/8-Lokomotiven immer mehr ins zweite Glied zurückgetreten. Bilder wie dieses mit einem Schnellzug nach Italien auf dem Luogelkinviadukt bei Hohtenn sind heute nur noch sehr selten zu machen. Wir begegnen hier der bereits 1926 von Breda Mailand und Séchéron Genf gebauten Ae 6/8 202.

Rechte Seite:
Der oben hinter der Ae 6/8 207 abgebildete Militärzug ist bei Kehrsatz im Gürbetal aufgenommen worden. Im dunstigen Hintergrund ist das Wahrzeichen der Stadt Bern, der gotische Münsterturm, zu erkennen.
Unten begegnen wir der Ae 6/8 202, die eben mit einem Entlastungszug im winterlichen Brig eingetroffen ist.

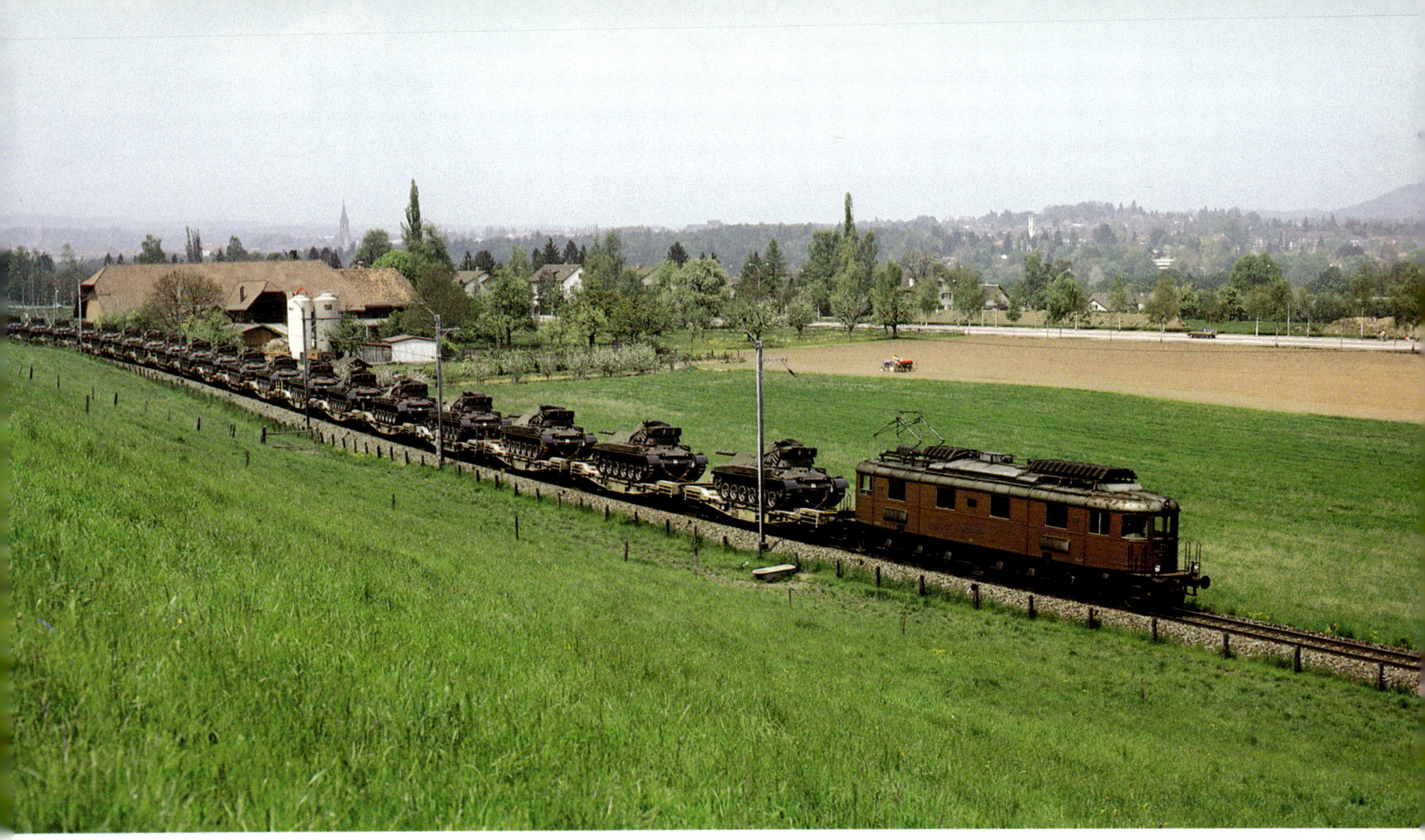

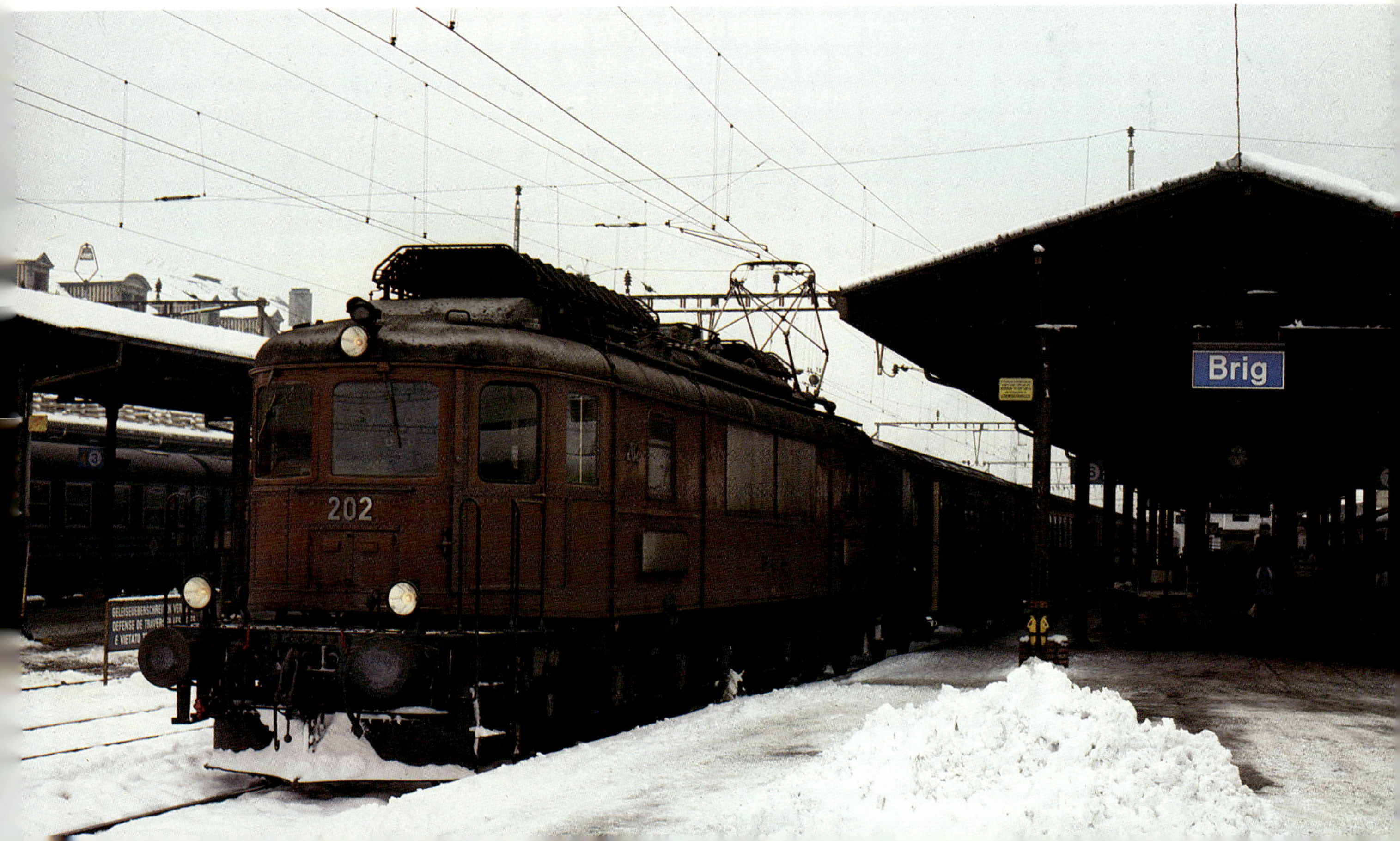
Brig
202

Die EBT-Gruppe ist eine andere wichtige Gruppe von Privatbahnen. Sie ist für weite Gebiete der Kantone Bern, Solothurn und Luzern von Bedeutung. Wenn auch auf diesem verzweigten Netz heute moderne Fahrzeuge die Hauptlast des Verkehrs bewältigen, begegnet man doch immer wieder älteren Fahrzeugen. In Eriswil, dem Endbahnhof der inzwischen aufgehobenen VHB-Stichlinie Huttwil – Eriswil, begegnen wir oben dem Triebwagen BDe 2/4 222 vor einem gemischten Zug, während sich unten die beiden Be 4/4-Lokomotiven 107 und 101 im Bahnhof Konolfingen ein Stelldichein geben.

Rechte Seite:
Die Be 4/4 der Bodensee-Toggenburg-Bahn sind ähnlich gebaut wie die Be 4/4 der EBT-Gruppe. Hier begegnen wir einer BT-Lok auf dem höchsten Eisenbahnviadukt der Schweiz, dem 99 m hohen Sittertobel-Viadukt zwischen Herisau und St. Gallen.

58

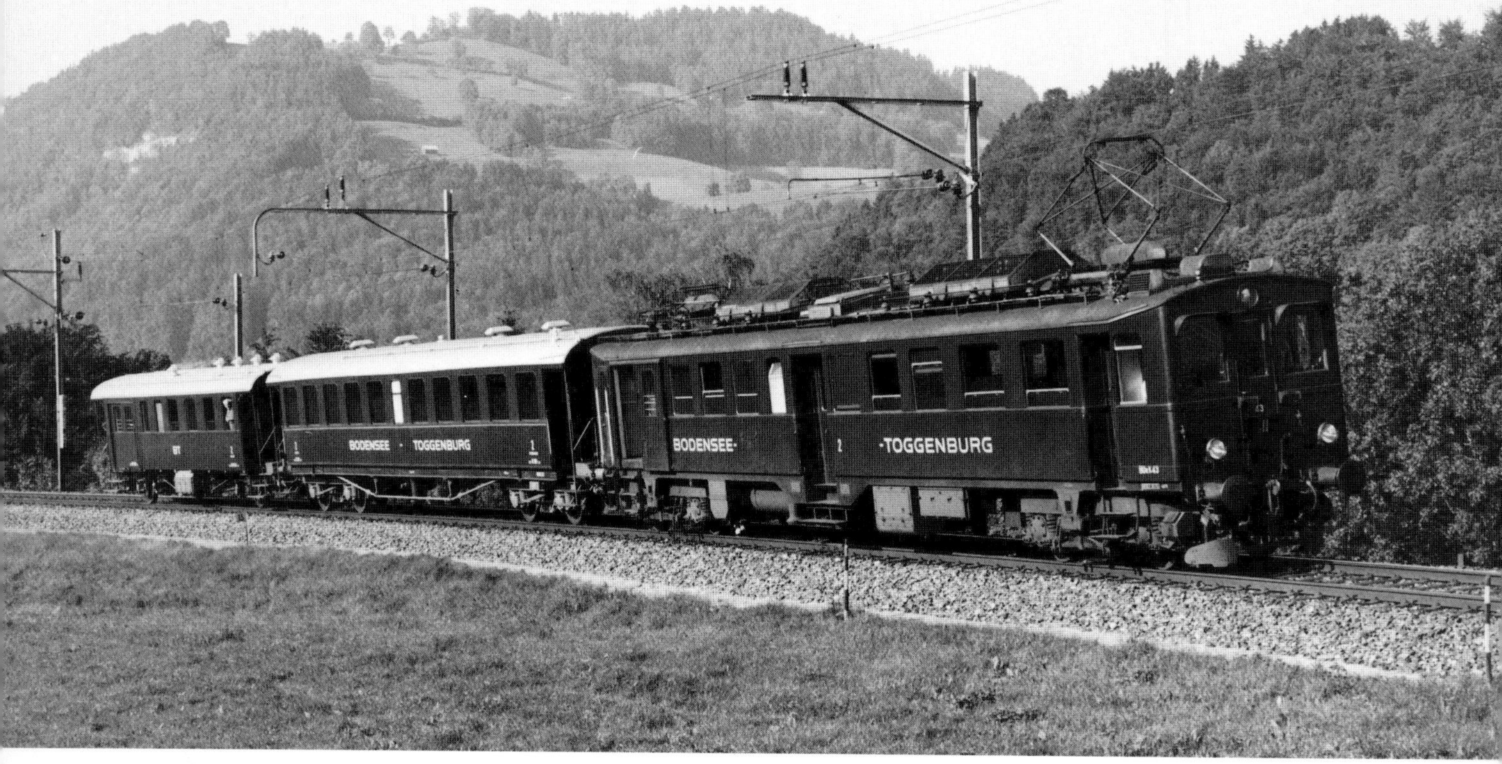
BODENSEE · TOGGENBURG
BODENSEE·
·TOGGENBURG
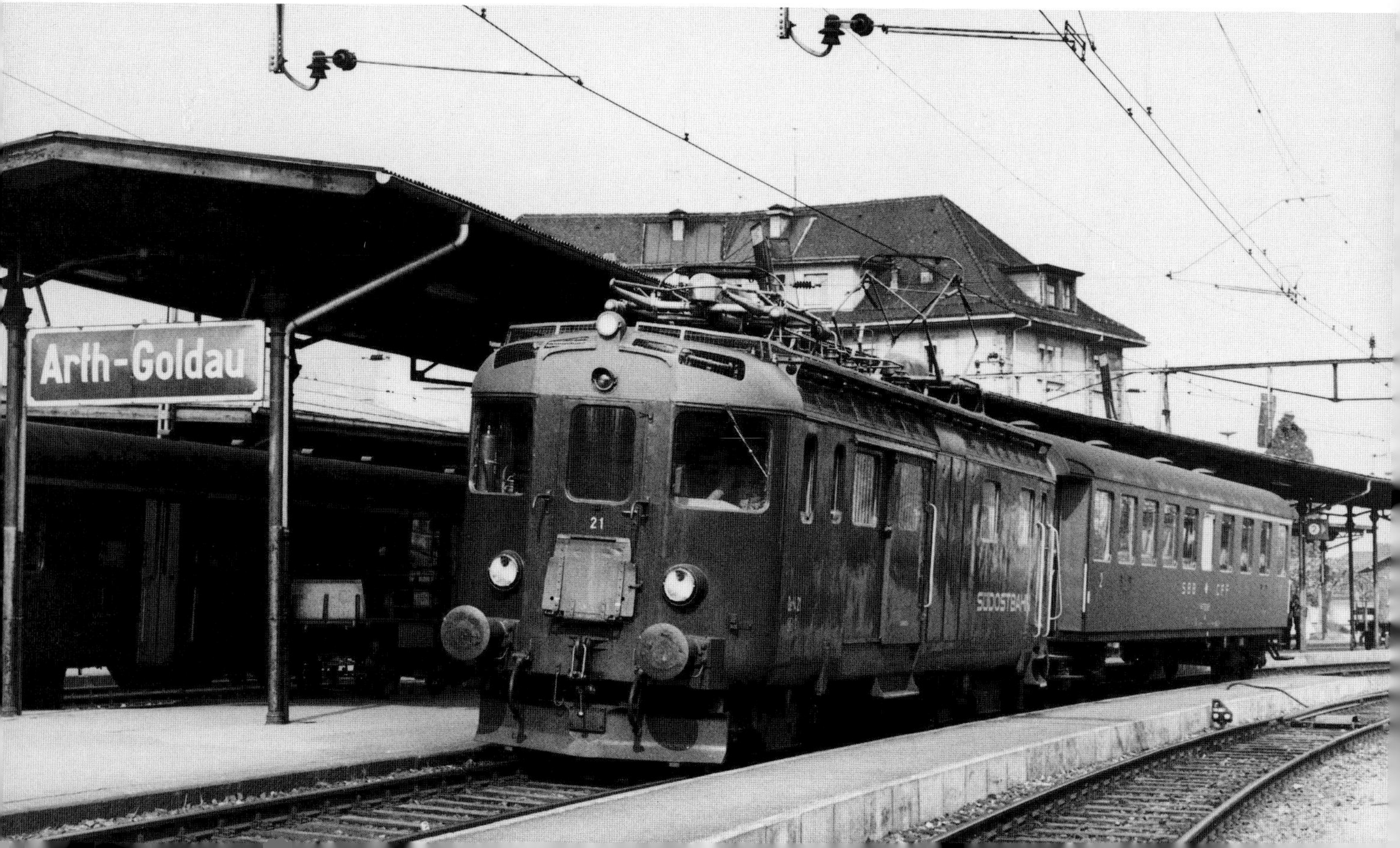
Arth-Goldau
21

Hoch ob dem Zürichsee auf der 50‰-Steilrampe der Strecke Wädenswil – Samstagern ist diese Aufnahme entstanden. Wir sehen einen ‹Glaswagen› ABe 4/4 der SOB im Ursprungszustand vor einem typischen Personenwagen derselben Epoche. Einige dieser Triebwagen aus den Jahren 1939 und 1940 sind kürzlich umfassend modernisiert worden, womit ihr Weiterbestand vorläufig gesichert ist.

Linke Seite:
Oben: Der BDe 3/4 43 der BT wurde 1938 beschafft. Er steht auch heute noch für Sonderzüge zur Verfügung. Sein Aussenanstrich ist in der Zwischenzeit recht farbenprächtig verändert worden. Noch in seinem ursprünglichen Zustand treffen wir ihn hier auf der Strecke Wil – Wattwil im Toggenburg.
Unten: Für den neu eingeführten Leichtschnellzugverkehr auf der Ost-West-Transversalen beschafften die SBB im Jahr 1940 drei Prototypen eines Gepäcktriebwagens RFe 4/4. Da stattdessen jedoch die leistungsfähigeren Re 4/4I-Lokomotiven in Serie gingen, wurden die RFe 4/4 1944 an Privatbahnen verkauft. Zwei Triebwagen weilen seither auf der Südostbahn. Heute werden die De 4/4 21 und 22 für Reserve-Aufgaben, vor allem für die auf der SOB häufigen Schiebedienst-Leistungen, herangezogen. Hier begegnen wir dem De 4/4 21 im Bahnhof Arth-Goldau, wo er vor einem schweren SBB-Personenwagen den Abfahrtsbefehl abwartet.

Die Oensingen – Balsthal – Bahn gehört mit einer Streckenlänge von nur 4,3 km zu den ganz kleinen Privatbahnen. Ihren Betrieb wickelt sie zur Hauptsache mit Gebrauchtfahrzeugen ab. Ihr Triebwagenpark umfasst gegenwärtig drei interessante Fahrzeuge: Der Be 2/4 201 (links) wurde 1935 für die BN gebaut und kam 1958 zur OeBB. Der frühere ‹rote Pfeil› RBe 2/4 1007 der SBB verkehrt seit 1974 als himmelblauer RBe 2/4 202 auf der OeBB (rechts). Als dritter Triebwagen schliesslich gelangte 1982 der frühere ABDe 2/8 704 der GBS auf die OeBB (siehe Seite 55). Er hat hier die Bezeichnung BDe 2/8 203 erhalten. Seit einigen Jahren verkehren auf dieser auch landschaftlich interessanten Strecke zusätzlich Dampfzüge. Neben den als ‹Chluser Schnägg› bekannt gewordenen E 3/3-Tendermaschinen wird auch eine von der DB erworbene 1'E – Schlepptenderlok der Reihe 50 eingesetzt.

63

Zu den bekanntesten Bergbahnen Europas gehören die beiden normalspurigen Zahnradbahnen von Vitznau und von Arth-Goldau auf die Rigi. Wegen der bezaubernden Fernsicht und wegen der Aussicht auf mehrere Seen zählt die Rigi zu den berühmtesten Bergen Europas. Die Vitznau – Rigi – Bahn wurde 1871 als erste Bergbahn Europas eröffnet. Bereits vier Jahre später nahm die Arth – Rigi – Bahn ihren Betrieb auf, womit erstmals ein Berg von zwei Seiten her mit Schienen erschlossen wurde. Beide Bahnen wurden zu Wegbereitern des alpinen Tourismus. Die ARB wurde bereits 1907 elektrifiziert, die VRB folgte 1937.

Zwischen Rigi Staffel und der gemeinsamen Endstation Rigi Kulm verlaufen die beiden Trassee im Abstand von nur wenigen Metern. Der rote VRB-Triebwagen Bhe 2/4 3 stammt aus dem Elektrifizierungsjahr 1937. Der blau/weisse ARB-Triebwagen BDhe 2/3 6 verkehrt bereits seit 1911! Bemerkenswert ist der ARB-Vorstellwagen B 2 32, der aus dem Eröffnungsjahr 1875 stammt und immer noch gelegentlich eingesetzt wird.

Vor dem prächtigen Hintergrund der Zentralschweizer Bergwelt ist dieses Bild des BDhe 2/4 7 aus dem Jahr 1925 und des Vorstellwagens B2 33 von 1875 auf der ARB-Strecke unterhalb von Rigi Staffel entstanden.

Schmalspurbahnen im Wandel der Zeit

Die schweizerischen Schmalspurbahnen sind sehr heterogen. In dieser Kategorie finden wir sowohl Vorortsbahnen wie auch Zahnrad-Bergbahnen, aber auch überregionale Hauptverbindungslinien und ländliche Anschlussbahnen.

Im schweizerischen Alpenraum befindet sich das grösste zusammenhängende Schmalspurnetz Europas bestehend aus der Rhätischen Bahn, der Furka–Oberalp-Bahn, der Brig–Visp–Zermatt- und der Gornergratbahn. Auch das zusammenhängende Netz von MOB, GFM, BC und CEV weist eine respektable Länge auf. Andere Schmalspurbahnen hingegen sind selbstbewusste kleine Inselbetriebe geblieben und haben sich sehr eigenständig entwickelt. Gerade auf solchen Kleinbahnen findet man oft uraltes Rollmaterial, das dank sparsamster Betriebsführung und liebevoller Pflege immer noch täglich eingesetzt werden kann. Viele Betriebe haben nur dank solcher Sparpolitik, dank Improvisationsfähigkeit und nicht zuletzt dank starkem Rückhalt in der einheimischen Bevölkerung bahnfeindlichere Zeiten überlebt.

Der Güterverkehr auf Schmalspurbahnen wird wegen des notwendigen Umlads beim Übergang auf Normalspurstrecken erheblich erschwert. Trotzdem bewältigen viele Schmalspurbahnen beträchtliche Gütervolumen. Die wirtschaftlich nicht unbedeutenden Kantone Graubünden, Appenzell und Unterwalden sind fast ausschliesslich durch moderne Schmalspurbahnen erschlossen. Technische Raffinessen wie Wechselcontainer sowie Rollbock- und -schemelbetrieb helfen mit, die spurbedingten Güterverkehrshemmnisse zu überwinden. Auch der Reisende in den modernen Personenwagen spürt kaum mehr einen Unterschied zwischen Normal- und Schmalspurbahnen. Schmalspurbahnen sind somit keineswegs überholt!

Wer die Schweiz mit offenen Augen bereist, wird immer wieder überrascht durch einen unermesslichen Variantenreichtum ihrer Bahnen, durch ein Nebeneinander von Alt und Neu und durch die Eigenarten der verschiedenen Betriebe. So stehen auf dem Netz der Montreux–Oberland-Bahn heute noch täglich unterschiedlichste Triebwagen mit Baujahr von 1905 bis 1980 nebeneinander in Betrieb und auf dem RhB-Stammnetz findet man moderne Thyristor-Lokomotiven neben Stangenlokomotiven aus dem Jahr 1913 im Alltagseinsatz! Sowohl die MOB wie auch die RhB haben jedoch kürzlich weitere neue Triebfahrzeuge zur Ablösung der ältesten Fahrzeuge bestellt. Die umfassende Präsentation von Triebwagen aller Epochen auf der MOB beziehungsweise von Lokomotiven aller Entwicklungsstadien auf der RhB wird somit in absehbarer Zeit verkleinert.

Beide Tessiner Spezialitäten auf dieser Seite sind Vergangenheit. Oben begegnen wir der auf dem Untergestell einer Dampflokomotive aufgebauten Diesellok Hm 2/2 1 zusammen mit dem Vorstellwagen B 1 auf der seit 1982 elektrifizierten Zahnradbahn auf den Monte Generoso, während das untere Bild alte Maggiatalbahn-Romantik aufkommen lässt. Im früheren LPB-Bahnhof Ponte Brolla treffen sich die heute der FART gehörenden Triebwagen ABDe 4/4 1 (ex LPB, Baujahr 1907) und Xe2/2 7 (ex Tram Locarno, Baujahr 1908).

67

Stelldichein von zwei interessanten Triebwagen im Bahnhof Chamby: links steht der BDe 4/4 103 der CEV mit Baujahr 1903, während rechts der als Vorortszug von les Avants nach Montreux verkehrende Be 4/4 1001 der MOB eingefahren ist. Dieses MOB-Fahrzeug wurde 1955 für die Tesssiner Bahngesellschaft Lugano-Cadro-Dino gebaut und gelangte erst nach deren Einstellung im Jahr 1973 in die Westschweiz. Die Aufnahme entstand anlässlich eines Spezialeinsatzes des CEV-Triebwagens. Die Verbindungslinie Blonay – Chamby wurde nämlich 1966 von der CEV aufgegeben, blieb aber erhalten und dient seit 1968 dem Museumsverkehr der ‹Chemin de fer touristique Blonay – Chamby›.

Das Betriebsgeschehen auf der MOB ist immer interessant und abwechslungsreich. Bei Oeschseite begegnen wir dem ursprünglich als ADZe 4/4 beschafften und heute als De 4/4 umbezeichneten Triebwagen 25 aus dem Jahr 1912 vor einem Regionalzug Zweisimmen – Montbovon.

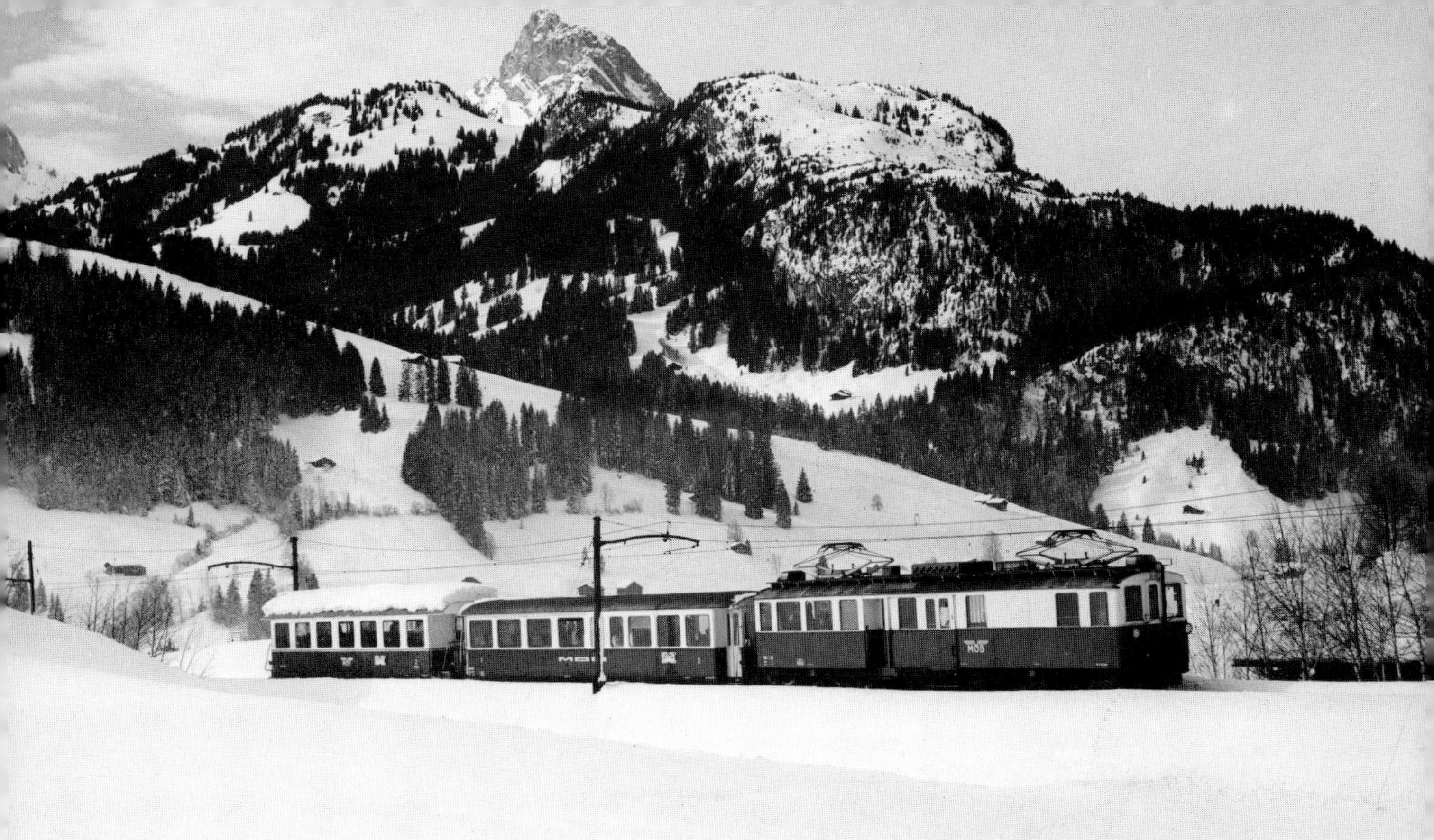
MOB

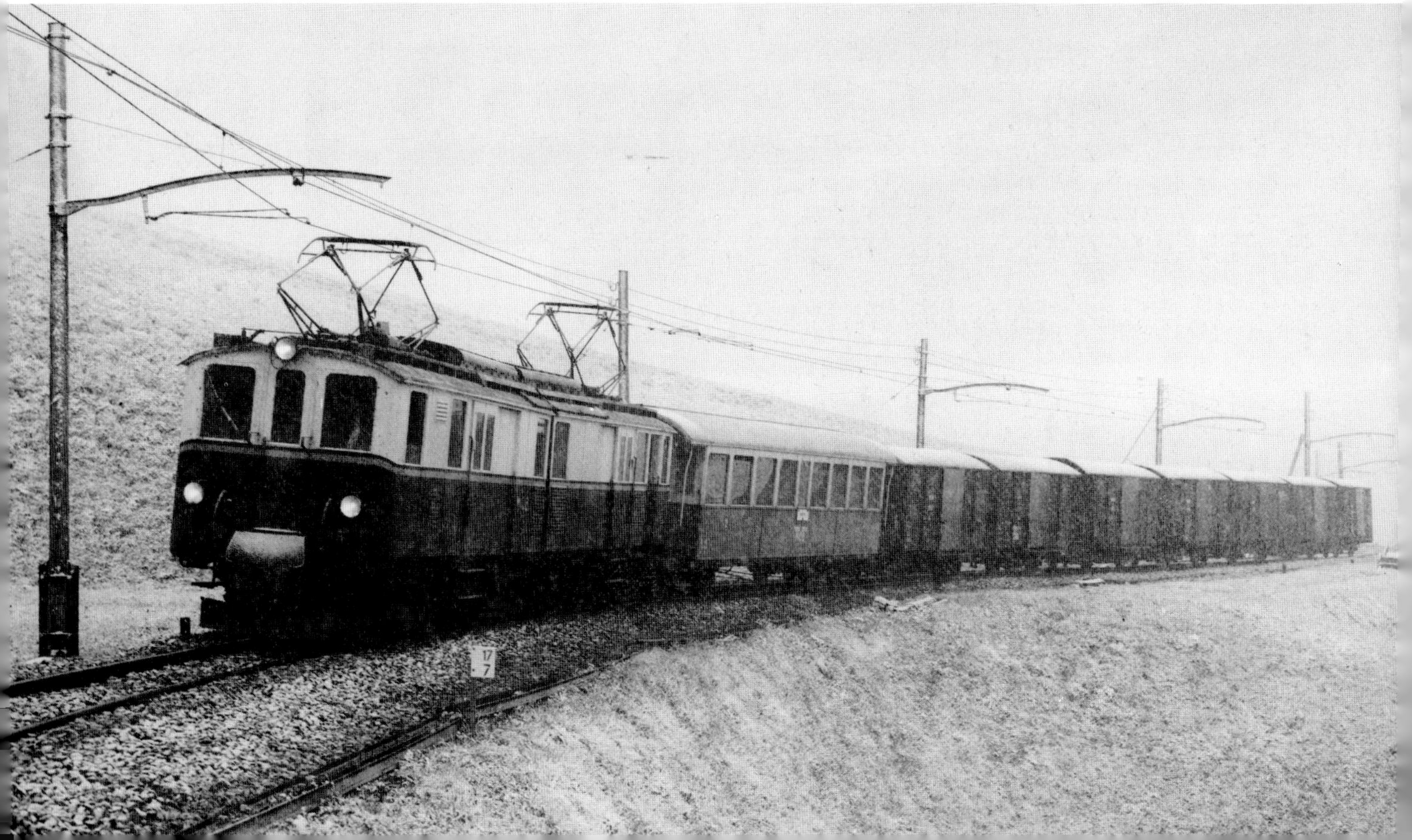
17
7

Winterbetrieb auf MOB und GFM:

Linke Seite:
Oben ist der BDe 4/4 28 (1924) mit einem Regionalzug bei Schönried unterwegs. Das untere Bild des schweren Gepäcktriebwagens DZe 6/6 2001 (1932) mit einem Güterzug ist bei heftigem Schneetreiben auf der MOB-Strecke ob Montbovon entstanden.

Der ABe 4/4 106 der GFM stammt aus dem Eröffnungsjahr 1903 der Bahn durchs Greyerzer Land. Oben begegnen wir ihm mit dem gleichaltrigen Schneepflugwagen X 1005 zwischen Châtel-St-Denis und Bulle. Anlässlich der Rückleitung desselben Triebwagens vor dem ebenso altertümlichen ABe 4/4 107 und einem schönen Güterzug ist das untere Bild bei Vuadens-Sud entstanden. Besonders hübsch sind die beiden aufgeschemelten Normalspurwagen am Zugschluss.

71

Die Westschweiz hat eine besonders hohe Dichte von Privatbahnen, die jedoch fast durchwegs mit modernem Rollmaterial betrieben werden. Meistens sind jedoch irgendwo einige interessante Fahrzeuge aus den Gründerjahren abgestellt, die der unvorbereitete Besucher kaum je zu sehen bekommt. Die Aufnahmen auf diesen beiden Seiten sind anlässlich von Sondereinsätzen solcher Veteranen entstanden: Die HGe 2/2 2 der CEV wurde 1911 für die Zahnradstrecke Blonay – les Pléiades erbaut. Links oben begegnen wir ihr zusammen mit den Wagen BF 2 206 und B2 203. Nur vier Jahre jünger ist die He 12 der Zahnradbahn Aigle – Leysin, die links unten hinter dem Heizölwagen OC 101 und dem M 122 in den Rebbergen ob Aigle unterwegs ist.

Die HGe 2/2 2 der Zahnradbahn Montreux – Glion stammt ebenso wie der B 5 derselben Bahn aus dem Jahr 1909. Der Zug ist auf der Strecke der Glion–Rochers de Naye-Bahn vor dem markanten Felszahn der Dent de Jaman zu sehen.

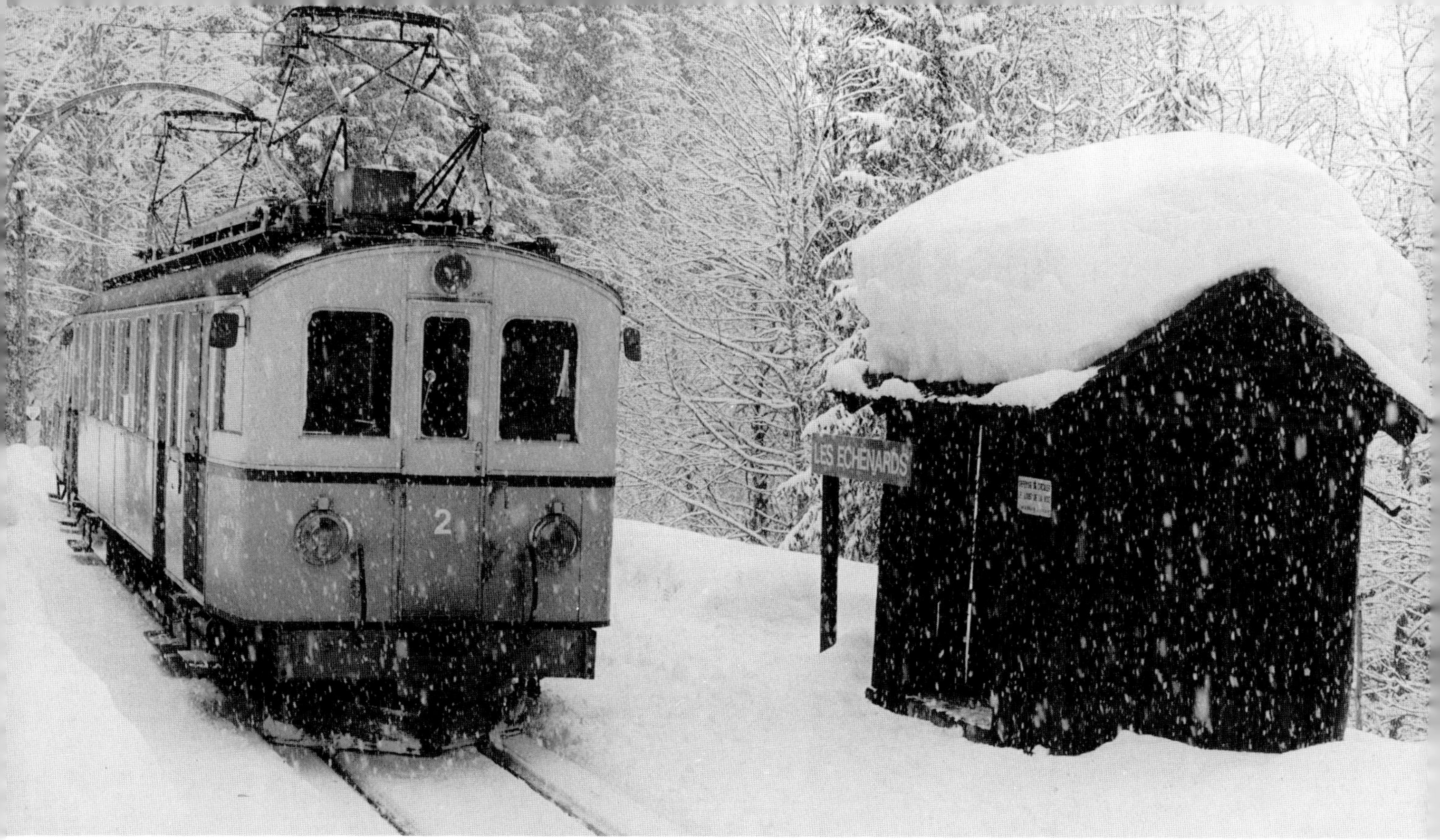
LES ECHENARDS
2

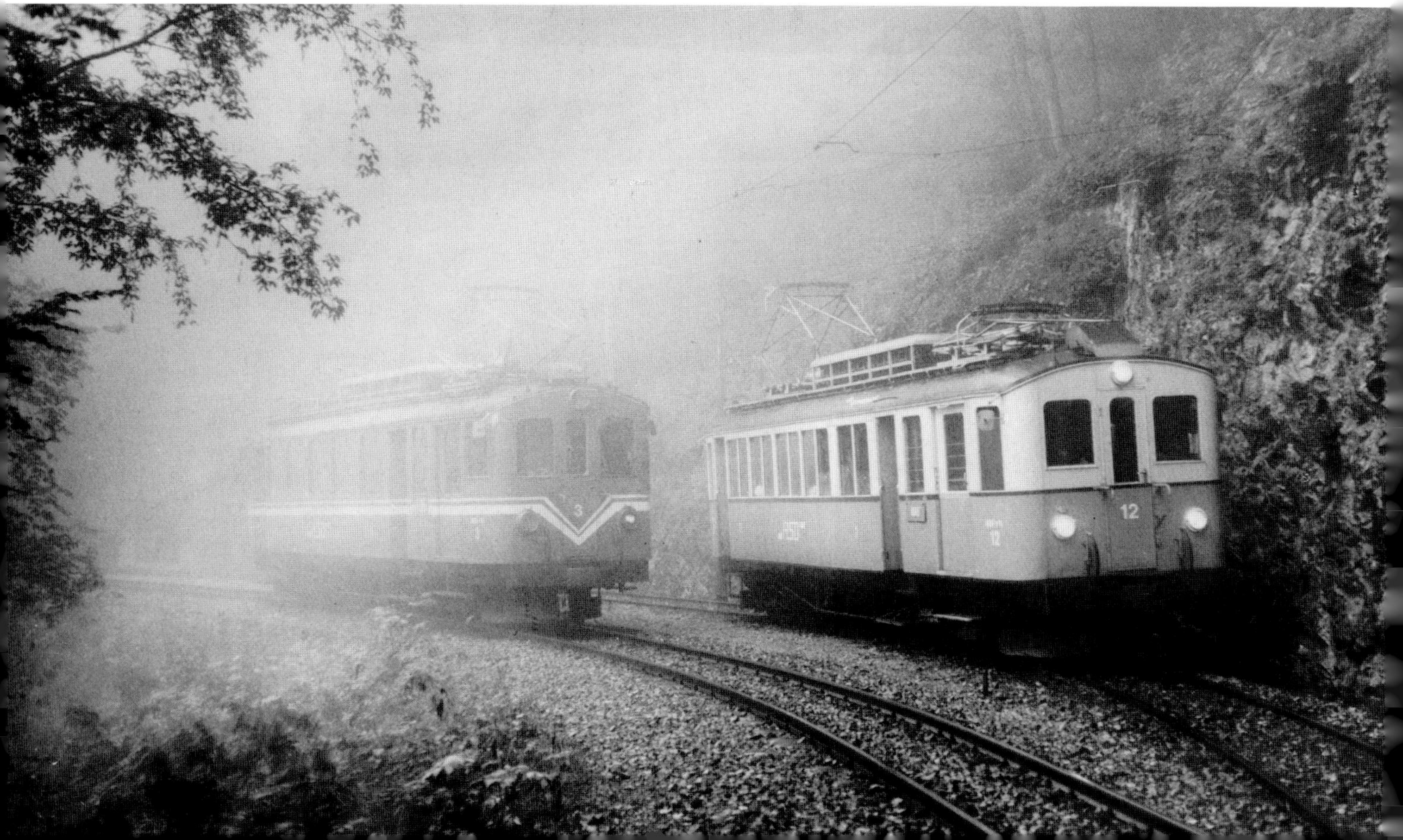
3
12

Linke Seite:
Schon seit Jahren wird immer wieder von einer möglichen Betriebseinstellung der sympathischen Kleinbahn von Aigle über le Sépey nach les Diablerets gesprochen. Bisher ist es noch nicht so weit gekommen und die ASD gewährleistet weiterhin eine wettersichere Verbindung nach les Diablerets. Die obere Aufnahme ist bei heftigem Schneetreiben bei der Haltestelle les Echenards entstanden. Unten kreuzen sich zwei Motorwagen im nebligen Plambuit.

Die alpine Schmalspurbahn von Martigny nach le Châtelard mit kombiniertem Adhäsions- und Zahnradbetrieb und streckenweise Stromschienen anstelle einer Fahrleitung bildet zusammen mit der SNCF-Fortsetzung nach Chamonix eine internationale Verbindung. Gleich zweimal begegnen wir hier dem nur noch sehr selten eingesetzten BDeh 4/4 31 aus dem Jahr 1912. Oben schiebt er einen Pendelzug von Finhaut hinunter nach le Châtelard, unten verlässt er in der Nähe von le Trétien eine Galerie.

75

Oben: Die erst 1929 als Nachbau beschaffte He 2/2 65 bringt am Tag des Lauberhorn-Skirennens einen Leermaterialzug talwärts von Wengen nach Lauterbrunnen. Dieser Grossanlass bringt der Wengernalpbahn immer Rekordfrequenzen.

Unten: Solche Züge sind auf dem Netz der Berner Oberland Bahn heute nicht mehr anzutreffen! Wie in früheren Zeiten ist dieser Extrazug formiert, der unterhalb von Grindelwald vor dem Wetterhorn posiert. Zuglok ist die 1914 beschaffte HGe 3/3 22. Hinten schiebt die 1926 nachgelieferte HGe 3/3 29 nach.

Zwischen St. Urban und Melchnau wickelt die OJB (Oberaargau–Jura-Bahn) den Personenverkehr seit Frühjahr 1982 auf der Strasse ab. Kurz vor der Umstellung ist diese Aufnahme des SNB-Triebwagens BDe 4/4 5 aus dem Jahr 1918 vor einem gut besetzten Sonderzug entstanden. Beim mächtigen Barockbau im Hintergrund handelt es sich um das ehemalige Zisterzienserkloster St. Urban.

Oben: Der letzte Glanztag für den aus dem Eröffnungsjahr 1903 stammenden BDe 4/4 2 der Trogenerbahn war der Landsgemeindesonntag 1974, an dem der Veteran bei der Bewältigung des Grossverkehrs aushalf. In Bendlehn kreuzt er den genau ein halbes Jahrhundert jüngeren BDe 4/4 8.

Unten: Der frühere CFeh 3/3 2 der einstigen Altstätten–Gais-Bahn stammt aus dem Jahr 1911. Er steht immer noch als Bahndiensttriebwagen Xe 2/3 17 im Dienst der SGA. Die Aufnahme zeigt ihn auf dem inzwischen aufgelassenen Strassenbahn-Teilstück in Altstätten kurz vor dem heutigen Endbahnhof Altstätten Stadt.
Ein Schwestertriebwagen dieses besonderen Fahrzeuges ist im Verkehrshaus Luzern ausgestellt.

Die hochbeinigen ABDeh 4/4 1-5 der SGA mit Baujahr 1931 sind 1982 durch moderne Pendelzugs-Kompositionen abgelöst worden. Kurz vor diesem Wandel ist diese Aufnahme des heute nur noch als Reservetriebwagen eingesetzten ABDeh 4/4 4 vor der Kulisse des Säntis zwischen Appenzell und Gais entstanden. Der abgebildete Sonderzug besteht ausschliesslich aus zwei- und dreiachsigem Wagenmaterial!

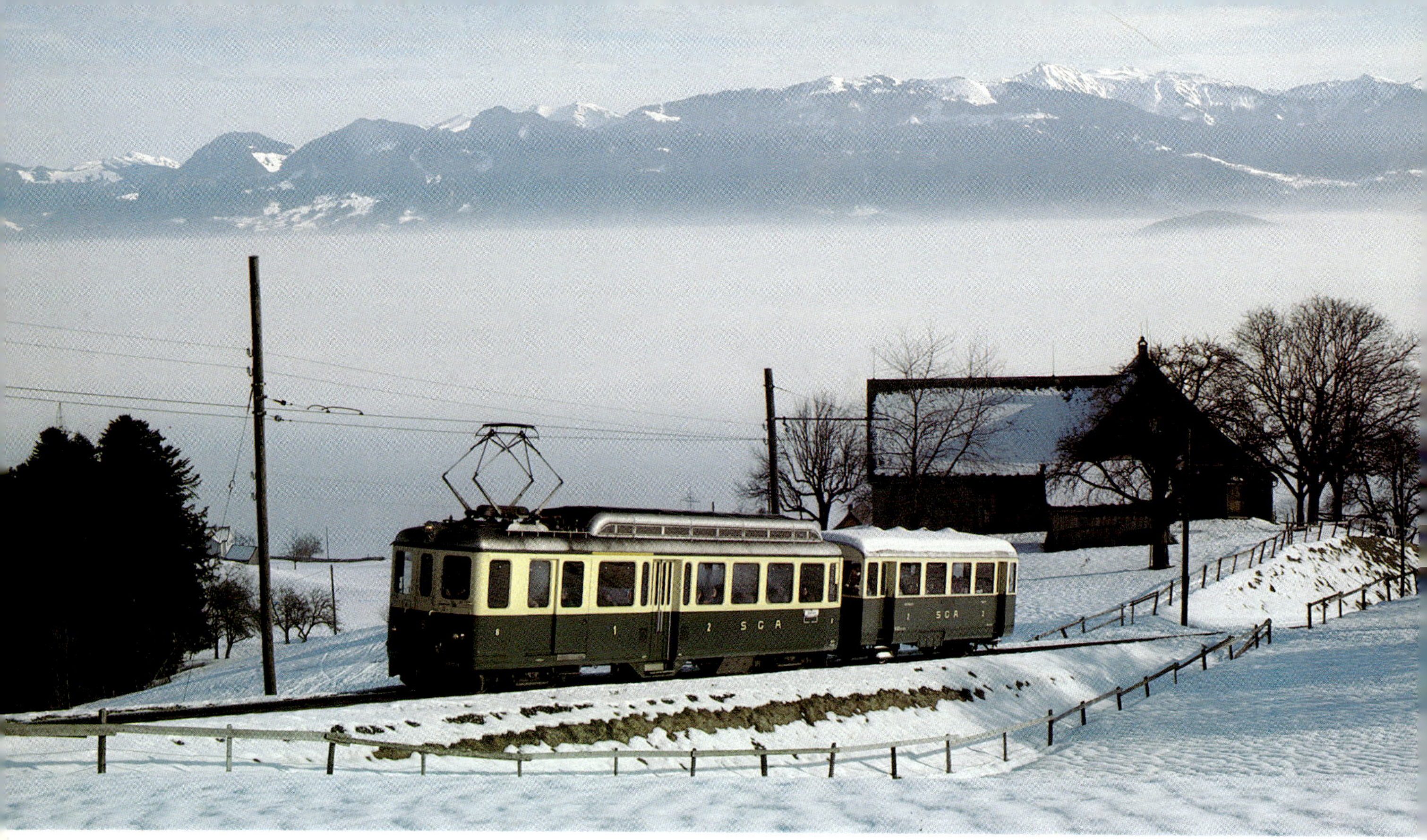
S G A

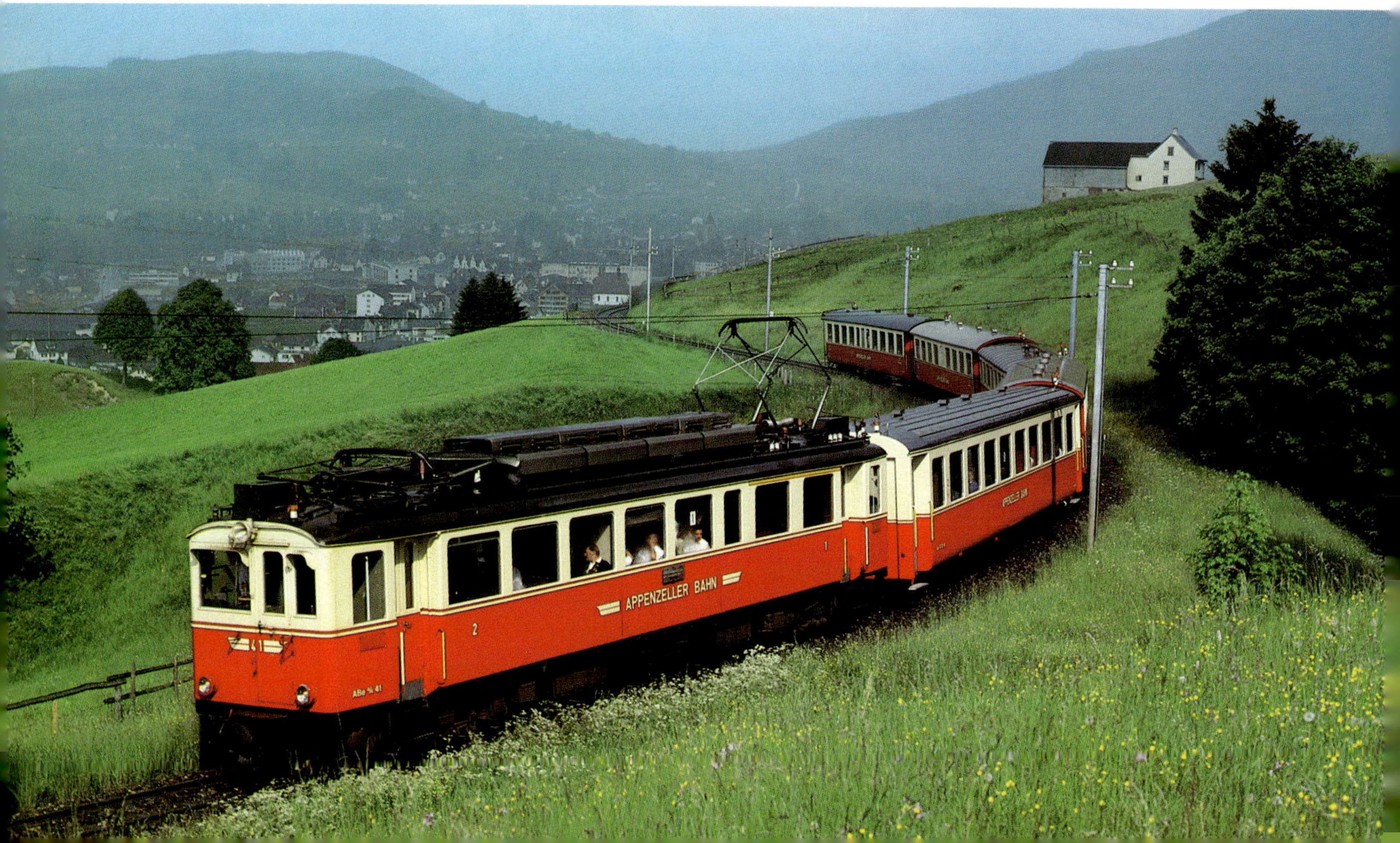
APPENZELLER BAHN

Linke Seite:

Oben: Am Stoss zwischen Altstätten und Gais werden heute ausschliesslich die drei ABDeh 4/4 6 bis 8 aus dem Jahr 1953 eingesetzt. Bei grösserem Andrang gelangen zweiachsige Anhängerwagen zum Einsatz, wie hier an einem prachtvollen Wintertag. Auf der gegenüberliegenden Seite des Rheintales ragen die Vorarlberger Berge aus dem Nebel.

Unten: Über Appenzell zieht ein Sommergewitter auf, während der ABe 4/4 41 der Appenzellerbahn einen buntgemischten Reisezug Richtung Gonten schleppt. Die vier ABe 4/4 40-43 aus dem Jahr 1933 stehen immer noch täglich im Einsatz.

Die 6 HGe 4/4-Lokomotiven der Brig–Visp–Zermatt-Bahn sind in den Jahren 1929–39 konstruiert worden. Oben begegnen wir der Lok 15 vor einem winterlichen Entlastungszug ob St. Niklaus, während unten die Schwesterlok 13 bei herrlichem Sommerwetter bei Randa unterwegs ist.

81

Die Furka-Bergstrek-
ke Oberwald – Gletsch
– Realp wurde 1982
durch eine ganzjährig
geöffnete Tunnelver-
bindung ersetzt. Die
romantische alte
Hochgebirgsstrecke
wird sicher bei allen,
die sie erlebt haben,
unvergesslich bleiben.
Zwei Bilder sollen an
diese einzigartige
Bahnverbindung erin-
nern:
Links begegnen wir
unterhalb von Gletsch
VS der HGe 4/4 31 der
FO mit einem Regio-
nalzug nach Brig. Im
Hintergrund sind die
Serpentinen der Grim-
sel-Passstrasse zu er-
kennen.
In ihrer Art absolut
einmalig war die Stef-
fenbach-Brücke auf
der Urner Seite der
Furka: Jeden Herbst
musste dieses Bau-
werk zum Schutz vor
Lawinen demontiert
und im Frühling von
Neuem aufgestellt
werden. Das Bild auf
der rechten Seite zeigt
einen Pendelzug auf
dieser weltberühmten
Brückenkonstruktion.

Die Oberalpstrecke der FO wird
seit 1941 auch im Winter befahren,
nachdem vorab aus militärischen
Gründen ein teurer Ausbau erfolgt
war. Zweimal begegnen wir be-
währten HGe 4/4-Lokomotiven im
Einsatz am Oberalp. Der obere Zug
mit der Lok 33 ist beim Weiler Rue-
ras im Tavetsch aufgenommen worden. Auf dem unteren Bild erreicht
die HGe 4/4 35 eben die Station
Oberalppasshöhe-Calmot auf 2033
m über Meer.

Oben: Die Ge 2/4 205 der Rhätischen Bahn wurde 1913 für die Engadinerlinie St. Moritz – Scuol beschafft. Seit 1974 steht die interessante Lok vor dem Technikum Winterthur. Unser Bild zeigt sie auf ihrer letzten Fahrt auf der RhB auf der Rheinbrücke bei Reichenau.

Unten: Auch die Ge 2/4 221 stammt aus dem Jahr 1913, doch wurde der elektrische Teil der Lok 1945 vollständig modernisiert. An einem kalten Februartag Ankunft in S-chanf.

85

Linke Seite:
Von den ursprünglich 8 Ge 4/6-Lokomotiven verschiedener Unterbauarten stehen nur noch die Lokomotiven 353 und 355 mit Baujahr 1914 im aktiven Bestand der RhB. Ihre Ausrangierung ist nach Ablieferung der zweiten Serie von Ge 4/4II im Jahr 1984 geplant. Hier begegnen wir der Landquarter Reservelok 355 vor dem Oberländer Stückgüterzug von Disentis nach Chur. Die Aufnahme ist in der urtümlichen Rheinschlucht zwischen den Stationen Valendas-Sagogn und Versam-Safien entstanden.

Oben: Die Ge 4/6 353 ist als Reservelok in Samedan stationiert, von wo aus sie recht häufig vor Personenzügen nach Pontresina eingesetzt wird. Bei herrlichem Winterwetter begegnen wir ihr auf dieser Strecke bei Punt Muragl.

Linke Seite:
Die RhB-Krokodile, die 15 C'C', bildeten jahrzehntelang die Hauptstütze für den Verkehr auf dem gesamten Stammnetz der Rhätischen Bahn. Mit dem Erscheinen neuerer Maschinen sind die herrlichen alten Stangenlokomotiven aus den Jahren 1921 bis 1929 immer mehr in untergeordnete Dienste abgedrängt worden. Heute sind einzig noch die Stückgüterzüge die uneingeschränkte Domäne dieser unverwüstlichen Oldtimer. Hier treffen wir einen solchen von Davos her kommenden Zug kurz vor Malans in der Bündner Herrschaft.

Oben: 1984 soll die C'C'-Serie nach Ablieferung weiterer Ge 4/4II massiv dezimiert werden. Für Sonderzug-Einsätze werden jedoch einige Maschinen erhalten bleiben. Wir begegnen hier bei Naz unterhalb von Preda dem aus vier Salonwagen ex-CIWL/MOB zusammengestellten Jubiläumszug zum 75jährigen Bestehen der Albulalinie. Solche Bilder werden sich somit auch künftig machen lassen!

Die C'C' sind sowohl die berühmtesten wie auch die formschönsten RhB-Lokomotiven. Oben treffen wir die Ge 6/6I 402 vor einem Personenzug bei Surava im mittleren Albulatal. Unten ist die Lok 408 mit einem aus vier Zweiachsern formierten Sportzug Preda – Bergün – Preda kurz ob Bergün zu sehen.

Rechte Seite:
Die heute ältesten elektrischen Triebfahrzeuge auf der RhB stammen von der früheren Berninabahn. Der ABe 4/4 34 wurde 1908 erbaut. Auf der oberen Aufnahme führt er einen Ausflüglerzug mit einem offenen Panoramawagen im Zugsverband von der Alp Grüm her zurück ins Oberengadin. Die untere Aufnahme ist bei Langwies auf der Strecke Chur – Arosa entstanden. Bei Hochbetrieb werden regelmässig einige angepasste alte Motorwagen der Berninastrecke zur Aushilfe ins Schanfigg versetzt, wie hier der ABe 4/4 30 aus dem Jahr 1911. Er leistet vor dem 46 Jahre jüngeren ABDe 4/4 483 Vorspanndienst.

90

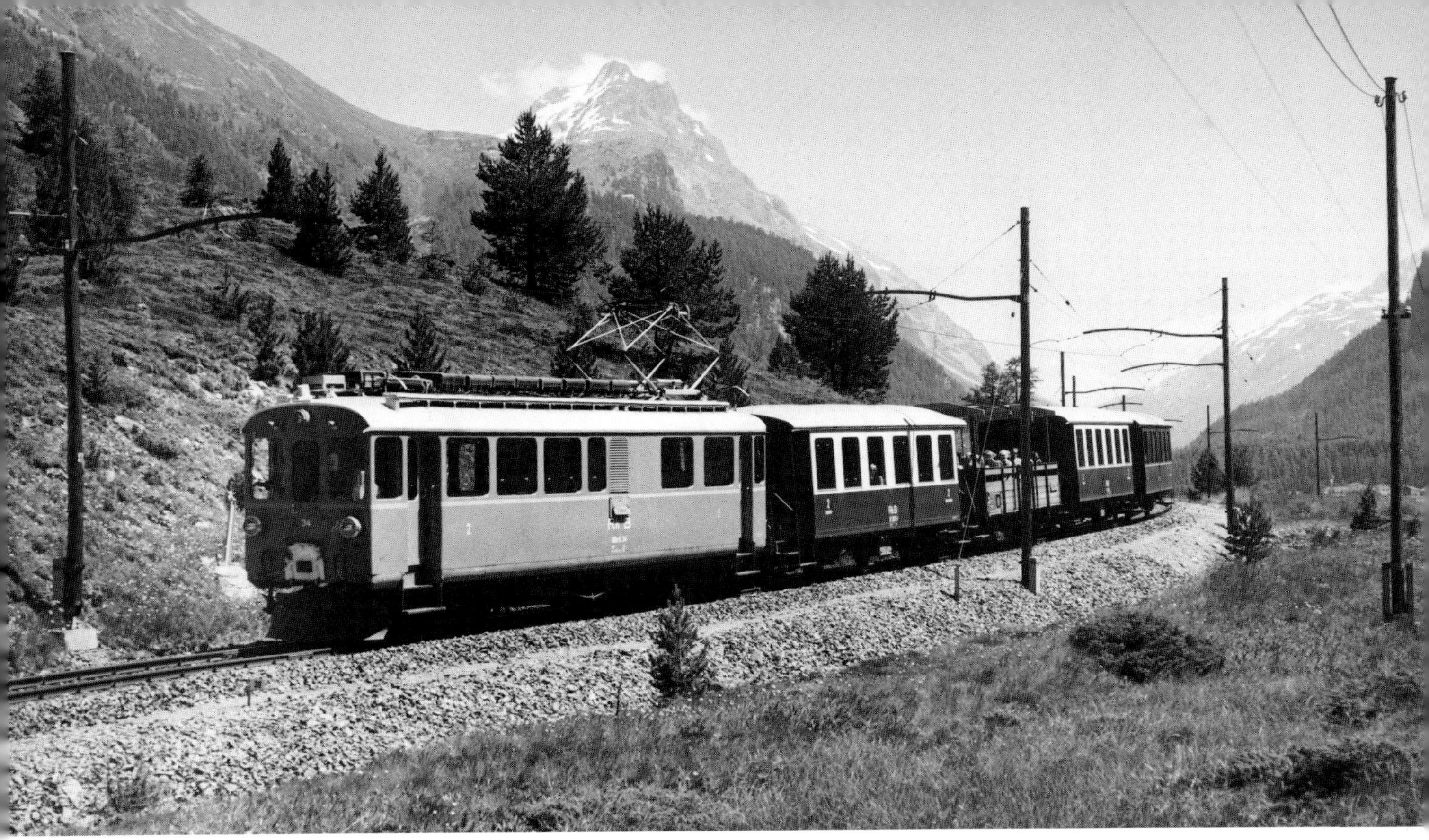

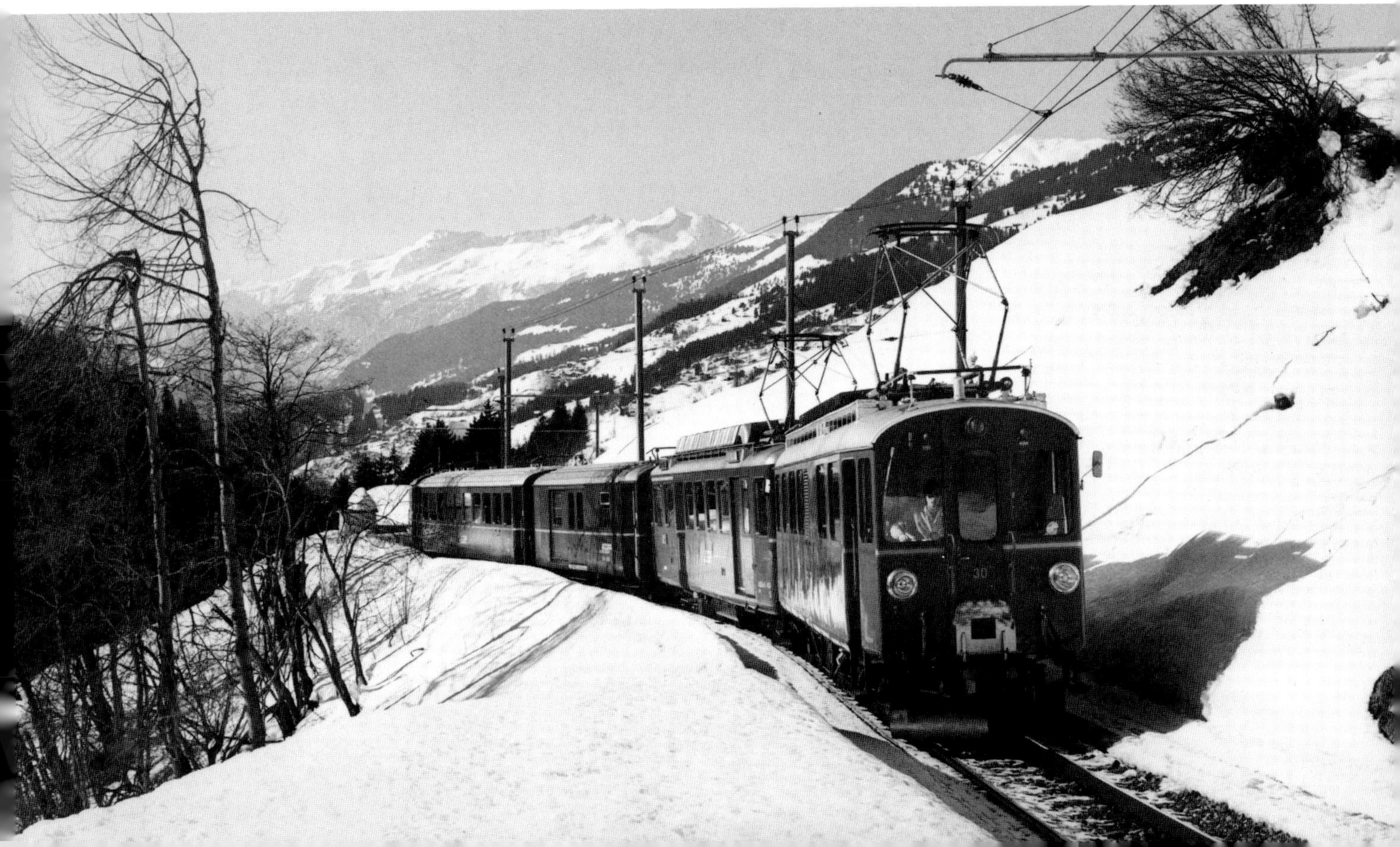

Die Renaissance der Dampflok

Die frühzeitige und umfassende Elektrifizierung der schweizerischen Bahnen drängte die verbliebenen Dampflokomotiven bereits vor einem halben Jahrhundert ins zweite Glied. Trotzdem wurde eine bunte Palette alter Dampflokomotiven weiter unterhalten, benötigte man doch weiterhin fahrdrahtunabhängige Reservemaschinen und Lokomotiven für die wenigen Leistungen auf nicht elektrifizierten Bahnstrecken. Deshalb schieden die letzten SBB-Dampfloks erst 1968 aus dem offiziellen Bestand aus.

Die letzte Privatbahn von grösserer Bedeutung mit regelmässigem Dampflokeinsatz war die Mittel–Thurgau-Bahn, die erst 1965 elektrifiziert wurde. Die Zahnradbahn von Capolago auf den Monte Generoso im Sottoceneri schliesslich wurde 1982 elektrifiziert. Hier wurden die Dampfloks jedoch bereits in den fünfziger Jahren durch Dieseltriebfahrzeuge abgelöst.

Verbliebene nicht elektrifizierte Strecken sind heute neben einigen Industrieanschlussbahnen nur noch die grenzüberschreitende SBB-Linie von Etzwilen nach Singen, die Sursee–Triengen-Bahn, die von der DB betriebene Strecke Waldshut – Koblenz, die von der SNCF betriebene Strecke Genève Eaux-Vives – Annemasse und die Zahnradbahn von Brienz auf das Rothorn. Auf den verdieselten Strecken Etzwilen–Singen und Sursee – Triengen wird nur noch Güterverkehr abgewickelt. Die Brienz–Rothorn-Bahn hält als letzte schweizerische Bahngesellschaft am Dampfbetrieb fest. Die drei 1974 beschafften Diesellokomotiven sollen die sieben hübschen Dampfmaschinen bestmöglichst entlasten und so ihre Lebenserwartung um viele Jahre steigern.

Trotz ihres Verschwindens aus dem Alltagsbetrieb sind die schnaubenden Dampfrösser bei der Bevölkerung populär geblieben. Mit Erfolg wurden bereits in den sechziger Jahren auf den Netzen der Sihltalbahn, der RhB und der FO gelegentlich öffentliche Dampf-Extrazüge geführt. Parallel dazu haben sich spontan und unabhängig voneinander in fast allen Landesteilen Aktionen zur betriebstauglichen Erhaltung von Dampflokomotiven gebildet. Neben schweizerischen Lokomotiven befindet sich heute sogar eine grössere Zahl ausländischer Dampflokomotiven in der Schweiz! Wegen des gegenwärtigen Dampflok-Fahrverbotes der DB sind besonders Lokomotiven deutschen Ursprungs in die Schweiz gelangt, es finden sich aber auch Vertreter aus Frankreich, Österreich, Italien, Spanien, Polen und aus der DDR! Trotz des hohen Aufwandes, den die Erhaltung von Dampflokomotiven notwendigerweise mit sich bringt, sind die meisten dieser schweizerischen und ausländischen Lokomotiven voll betriebstauglich und werden regelmässig auf Museumsstrecken oder fallweise auf SBB- und Privatbahnstrecken eingesetzt. Die Schweiz, das Pionierland der elektrischen Bahntraktion, ist damit zum Land mit der heute höchsten Dichte an Dampflokomotiven in Westeuropa geworden!

Die folgenden Bilder können nur einen sehr kleinen Teil vom weiten Spektrum dieser Dampfspezialitäten wiedergeben. Fahrpläne der meisten Dampf-Veranstaltungen findet der Interessent im offiziellen Kursbuch oder in Eisenbahn-Zeitschriften. Interessenten ausserhalb der Schweiz können sich bei der jeweiligen Agentur der Schweizerischen Verkehrszentrale erkundigen.

Das obere Bild zeigt den FO-Dampfzug mit der Lok HG 3/4 4, wie er letztmals am 10. Oktober 1971 verkehrte. Es bestehen Pläne, diese letzte auf der FO stationierte Dampflok wieder zu reaktivieren.

Unten begegnen wir der ‹Schnaaggi-Schaaggi›-Dampflok E 3/3 5 der Sihltalbahn, die 1899 gebaut wurde. Anlässlich eines Spezialeinsatzes auf der Uetliberglinie wird sie in Uitikon-Waldegg von einem Fahrplanzug überholt.

Der Landwasserviadukt bei Filisur, das wohl bekannteste Bauwerk der RhB, wird eben von der G 4/5 108 überquert. Auf der Rhätischen Bahn verkehren jeden Sommer Dampf-Extrazüge.

Die beiden früheren RhB-Lokomotiven G 3/4 11 und 14 werden nach ihrer Versetzung auf fremde Bahnnetze für nostalgische Dampffahrten eingesetzt. Die G 3/4 14 finden wir heute auf der Appenzellerbahn, wo sie oft zusammen mit zwei alten, mit Bauernmalereien verzierten AB-Wagen eingesetzt wird. Die G 3/4 11 hingegen hat im Berner Oberland eine neue Heimat gefunden. Sie wird sporadisch auf dem Netz der BOB eingesetzt.

95

Oben: Die HG 2/3 6 ‹Breithorn› der Brig–Visp–Zermatt-Bahn wird nur noch sehr selten eingesetzt. Hier hat sie der Fotograf vor einem Extrazug bei Ackersand im Vispertal angetroffen.

Rechte Seite:
Diese beiden Bilder vermitteln etwas Industriebahnromantik, wie sie auf der Anschlussstrecke der Alusuisse zwischen Sierre und Chippis im Wallis noch bis vor Kurzem zu geniessen war. Heute haben Dieselloks die von den SBB übernommenen E 3/3-‹Tigerli› abgelöst.

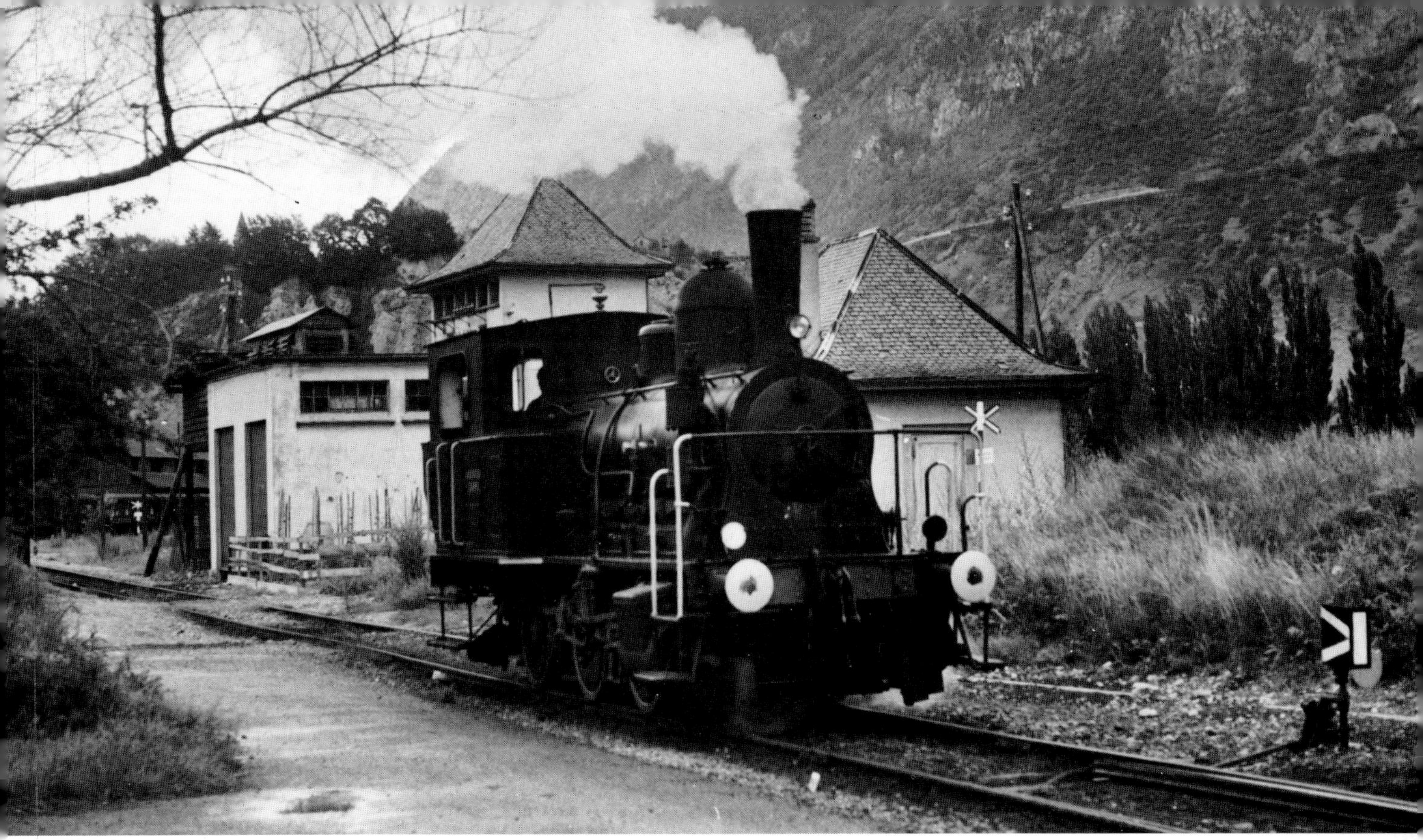

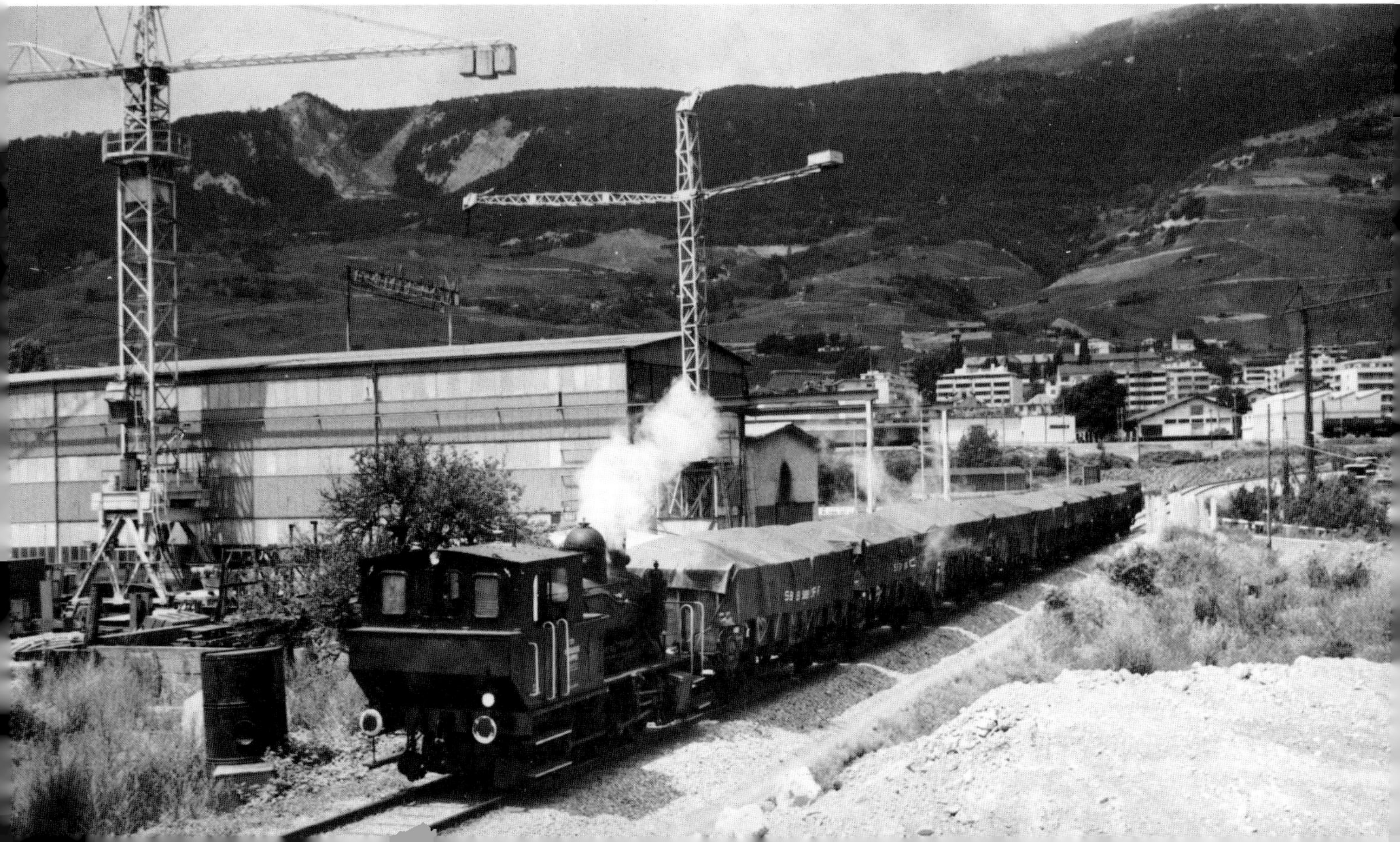

Die Lok ‹Zephir› ein ‹Bödelibahn›-Veteran aus dem Jahr 1874, überlebte als Werklok der Metallwerke Dornach. Zusammen mit zwei nostalgischen Personenwagen, die von der Bergbahn Rorschach–Heiden übernommen wurden, schuf der rührige Industriebetrieb eine stilreine Attraktion. Gegenwärtig ist der ‹Zephir› nicht mehr betriebsfähig. Initiative Eisenbahnfreunde haben sich seiner angenommen. Sie wollen die kleine Lok in einigen Jahren im Berner Oberland wieder fahren lassen.

Die Eb 3/5 5810 wurde 1911 für die SBB gebaut. In den sechziger Jahren gelangte sie zur Mittel-Thurgau-Bahn, wo sie auch nach der Elektrifizierung für die gelegentliche Führung von Dampfzügen erhalten blieb. Nach der Revision des ‹Thurgauer Leu›, einer Original-MThB-Lok, gelangte die alte Staatsbahnlok ins Sensetal zum Verein Dampfbahn Bern. Wir begegnen ihr hier noch im Dienst der MThB anlässlich einer Reise in den süddeutschen Raum. Die Aufnahme ist auf DB-Gleisen bei der Einfahrt in den Bahnhof Rottweil entstanden.

Das ‹Tigerli› E 3/3 8479 wurde 1963 von den SBB an die Sursee–Triengen-Bahn verkauft. Trotz Verdieselung der Strecke und Einstellung des Personenverkehrs bleibt die Lok dort für Sondereinsätze verfügbar.

Der ‹Dampfbahnverein Zürcher Oberland› hat sich hohe Ziele gesetzt, die in der Einrichtung eines Museumsbahn-Betriebes zwichen Bauma und Hinwil gipfelten. Dieses Ziel ist heute erreicht. Hier begegnen wir der Ed 3/4 2 der früheren RSG (Saignelégier – Glovelier) vor einem prächtigen Zug oberhalb von Bauma.

Die 141 R 1244 der französischen Staatsbahn wurde 1946 im kanadischen Montreal gebaut. Ebenso wie die angehängten CIWL-Pullmannwagen befindet sie sich heute in schweizerischem Privatbesitz. Die ‹Mikado› wurde von einem zu diesem Zweck gegründeten Verein gekauft, aufgearbeitet und wird gelegentlich auf dem Netz der SBB sowie auch schon der SNCF eingesetzt. Bei Uzwil an der Bahnstrecke Winterthur – St. Gallen lässt die mächtige Lokomotive hören, wieviel Kraft in ihr steckt.

Nach einem solchen Einsatz wird die 141 R zurück in ihr Heimatdepot Rapperswil überführt. Zwischen der um ein Vierteljahrhundert älteren Ae 3/6I 10654 und einigen Bremswagen erreicht sie Aathal im Zürcher Oberland.

Die deutsche Heeresfeldbahnlok ‹Taxus› kam 1978 aus der DDR zur Schinznacher Baumschulbahn bei Brugg AG. Zusammen mit einer weiteren deutschen sowie einer polnischen Lok dreht sie seither auf der einmaligen Anlage ihre Runden fürs Publikum. Die SchBB-Züge verkehren während der warmen Jahreszeit an jedem Wochenende. Es können auch Sonderzüge gemietet werden. Beim abgebildeten Zug handelt es sich um den Hochzeits-Extrazug des Autors.

Oben: Die 1910 für die Lausanne–Echallens-–Bercher-Bahn gebaute G 3/3 8 gelangte nach einem Zwischenspiel als Werklok in Biel wieder zurück auf die LEB. Sie wird für Nostalgie-Dampffahrten verwendet.

Unten: Die 1902 abgelieferte G 3/3 5 ‹Gedeon Thommen› der Waldenburgerbahn stand von 1961 bis 1975 als Denkmal beim Bahnhof Liestal. Nach einer aufwendigen Revision wurde sie 1980 erneut in Betrieb genommen.

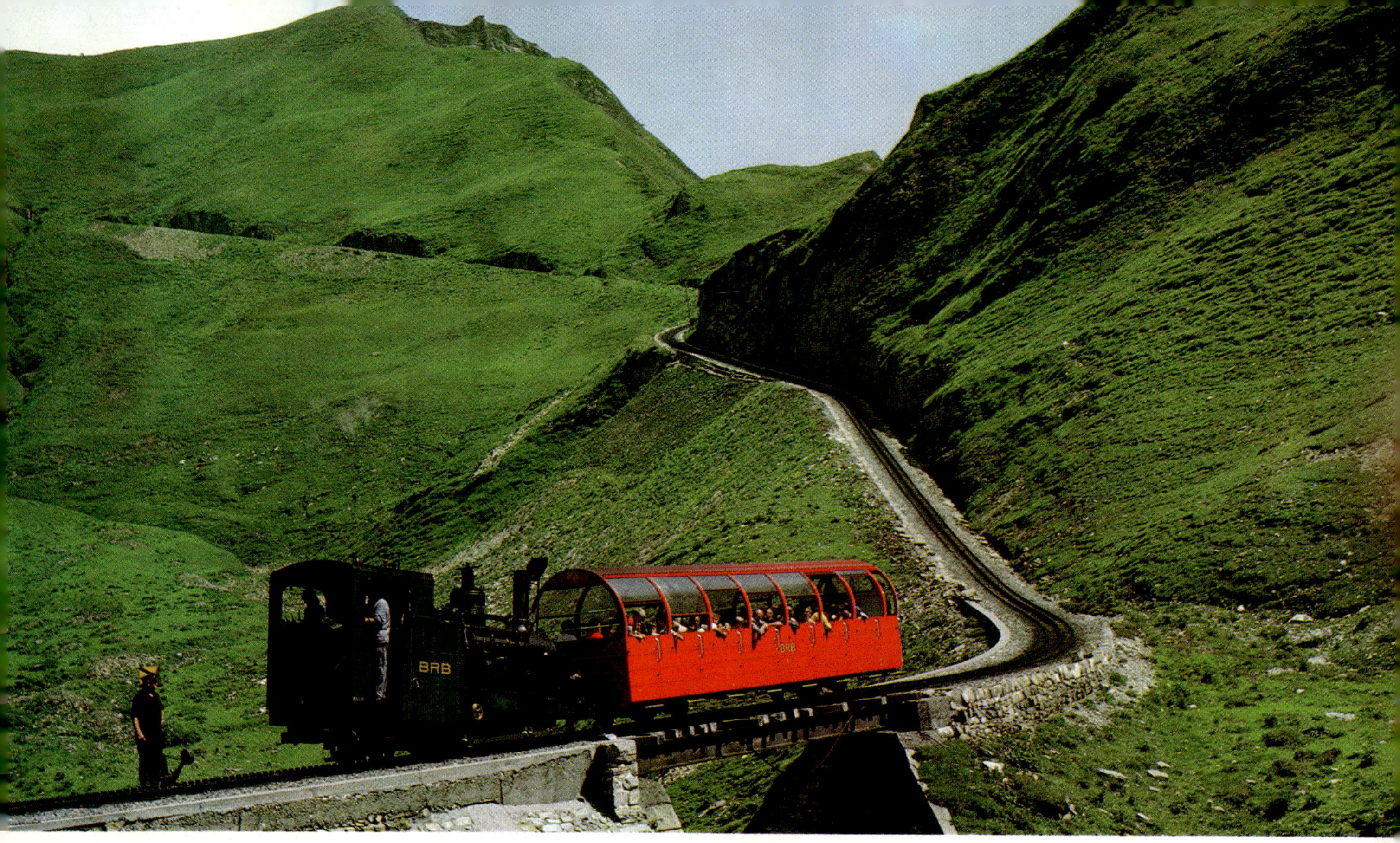
BRB

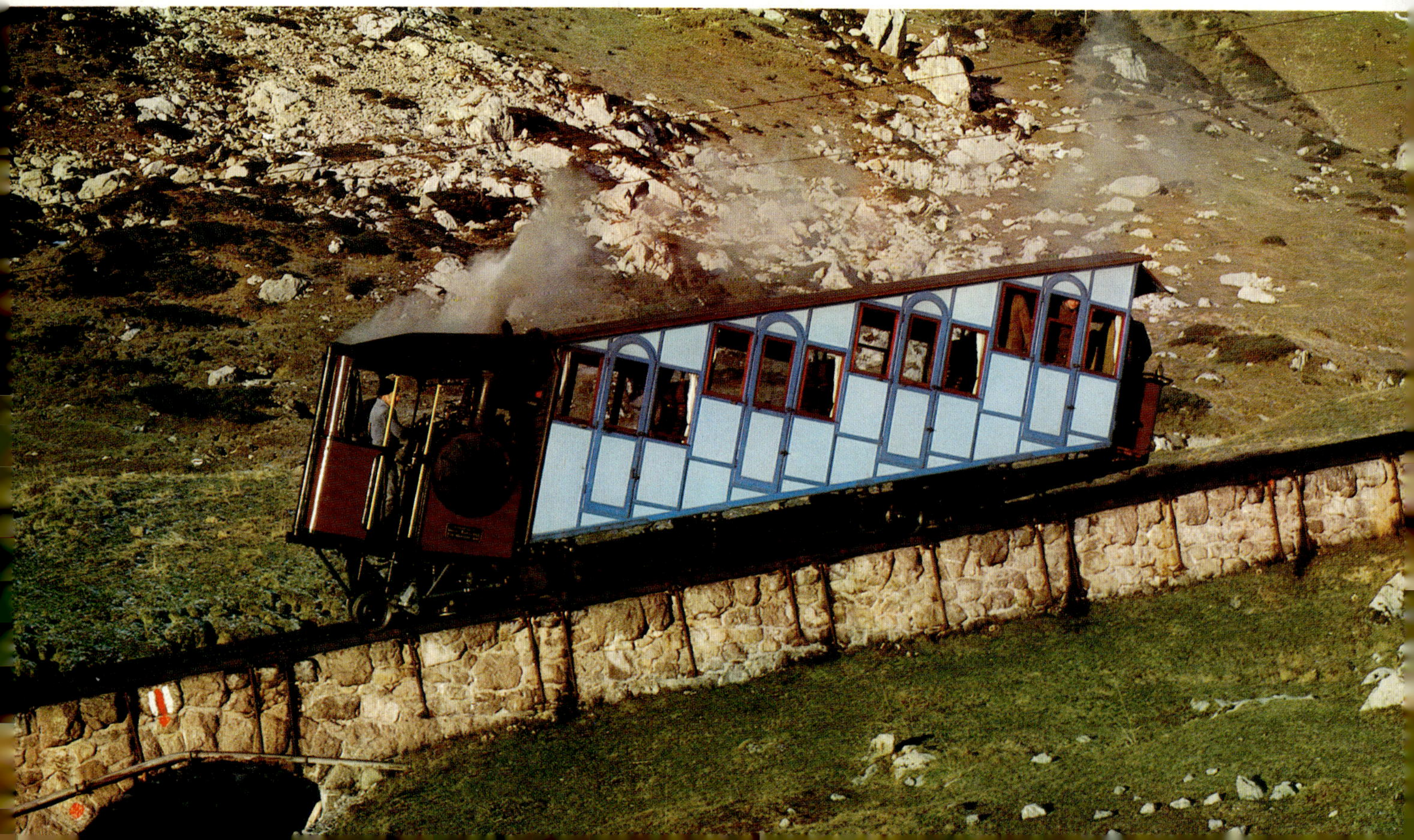

Linke Seite:
Oben: Dieses Bild der Lok 2 der Brienz–Rothorn-Bahn zusammen mit einem nach modernen Gesichtspunkten konstruierten Leichtbau-Vorstellwagen ist in Oberstaffel entstanden.

Unten: Die erstmals 1886 für die Pilatusbahn gebauten Dampftriebwagen sind aussergewöhnliche und in ihrer Art einmalig gebliebene Konstruktionen. Zwei Wagen sind trotz der bereits 1937 erfolgten Elektrifikation erhalten geblieben. Der Wagen 10 steht gegenwärtig im Deutschen Museum in München, während der hier ob Aemsigen anlässlich seines letzten Auftrittes in eigener Kraft abgebildete Wagen 9 jetzt im Luzerner Verkehrshaus steht.

Die Pilatusbahn ist mit einer Höchststeigung von 480‰ die steilste Zahnradbahn der Welt. Das Teilstück zwischen Aemsigen und Mattalp, wo diese Aufnahme entstanden ist, ist mit Höchststeigungen von ‹nur› 388‰ der flachste Abschnitt der Bahn.

105

Linke Seite:
Bei der Vitznau–Rigi-Bahn sind zwei Dampflokomotiven erhalten geblieben. Die H II/3 16 und 17 wurden erst 1923 und 1925 beschafft und waren somit 1937, im Jahr der Elektrifizierung der Bahn, noch recht modern und für Reserveleistungen ausreichend. Heute werden gelegentlich Dampfzüge geführt, von denen einige im Kursbuch angekündigt werden. Wir begegnen hier einem solchen Zug mit der Lok 17 auf der Doppelspurstrecke unterhalb von Rigi Kaltbad.

Auf der früheren CEV-Teilstrecke Blonay – Chamby wird seit 1968 ein Museumsbahn-Betrieb abgewickelt. Oben begegnen wir in Cornaux der G 3/3 6, einer früheren Brünig-Lok mit LEB-Vergangenheit. Auf dem unteren Bild dampft die deutsche 99 193 an einer Hipp'schen Wendescheibe vorbei aus dem Bahnhof Blonay. Diese Lok wurde 1927 in Esslingen für die württembergische Strecke Nagold – Altensteig gebaut und gelangte 1969 zur BC in die Schweiz.

Strassenbahnen in alter Frische

In den Jahren der zunehmenden Motorisierung schien die alte Trambahn keine grosse Überlebenschancen mehr zu haben. In manchen Städten lösten Auto- und Trolleybusse die rumpelnden Strassenbahnen ab.

In den schweizerischen Städten Zürich, Basel, Bern, Genf und Neuchâtel gehören Strassenbahnzüge auch heute zum modernen Stadtbild. Durch grosszügige technische Verbesserungen stehen die Strassenbahnen in diesen Städten zudem auf einem beachtlich hohen Niveau. Altbewährtes wird konsequent den veränderten Anforderungen angepasst. Dadurch kann das Tram seine führende Rolle in allen oben genannten Städten weiter behaupten oder diese Rolle sogar weiter verstärken. Die schweizerischen Nahverkehrsbetriebe sind stolz darauf, dass sie von ausländischen Schwesterunternehmen immer wieder zum Vorbild genommen werden.

Als logische Folge dieser Bestrebungen hat sich das Strassenbahn-Rollmaterial in den beiden letzten Jahrzehnten stark gewandelt. Heute prägen durchwegs Gelenkzüge und Grossraum-Vierachswagen das Bild der Städte.

Trotzdem sind die älteren Wagen nicht durchwegs ausrangiert und abgebrochen worden. Dank der wertvollen Initiative privater Strassenbahnfreunde bildete sich 1967 zuerst in Zürich der Verein ‹Tram-Museum Zürich› (TMZ) mit dem Ziel der betriebstauglichen Erhaltung und Demonstration von Strassenbahnfahrzeugen und der Sammlung von zugehörigem Dokumentationsmaterial aller Art.

Die Zürcher haben zu ihrem blau-weissen Tram eine enge Beziehung. Das Tram ist eine Institution. Es prägt das Stadtbild. Für jeden echten Zürcher ist es ein untrennbarer Bestandteil seiner Stadt. Die von den Leuten des Tram-Museums gezündete Idee fand deshalb sowohl bei den Behörden der Stadt wie auch bei den Verkehrsbetrieben eine erfreulich positive Aufnahme. Dank dieser wertvollen Unterstützung und dank dem Einsatz von unzähligen Freizeitstunden zur Renovation alter Strassenbahnwagen sind heute bereits 10 Fahrzeuge mit Baujahren zwischen 1897 und 1930 betriebstüchtig restauriert worden! Weitere Wagen sind in Arbeit, und demnächst wird ein volles Dutzend erreicht sein. Zur Freude der Tramfreunde und zum Erstaunen der Passanten rumpeln die historischen Tramwagen öfters über das gesamte städtische Tramnetz. Begreiflicherweise werden diese historischen Wagen nur beschränkt für öffentliche Fahrten eingesetzt. Für Sonder-Fahrten jeder Art haben die Verkehrsbetriebe Zürich deshalb weitere alte Fahrzeuge in eigener Regie hergerichtet. Das Beispiel von Zürich hat in den andern Tramstädten Schule gemacht. In Basel, Bern, Genf und Neuchâtel haben sich in der Zwischenzeit ebenfalls privatrechtliche Vereinigungen mit gleicher Zielsetzung wie das Tram-Museum Zürich gebildet.

Die Bilder im letzten Kapitel dieses Buches zeigen einige Fahrzeuge, die dank solcher Initiativen erhalten geblieben sind und heute wie auch in Zukunft Zeugnis für ihre Epoche ablegen. Wir begegnen aber auch einigen alten Strassenbahnzügen im normalen Betriebseinsatz, wie sie bis vor wenigen Jahren noch anzutreffen waren. Die meisten abgebildeten Fahrzeuge sind heute noch vorhanden.

In der Vorweihnachtszeit verkehrt seit 1958 das ‹Märlitram› durch Zürichs Strassen. Die Idee hat in verschiedenen Städten des In- und Auslandes Nachahmung gefunden. Dieses Wettrennen zwischen dem Be 2/2 1208 aus dem Jahr 1912 und einem Pferdegespann hat sich an einem der autofreien Sonntage im November 1973 ausgerechnet auf der sonst von Autos überladenen Quaibrücke zugetragen.

Die beiden ‹Goldtimer› werden für Stadtrundfahrten des Verkehrsvereins Zürich eingesetzt, sind aber auch beliebte Mietobjekte. Auf dem Paradeplatz kreuzt das Rundfahrten-Tram einen Gelenkzug ‹Tram 2000›.

Unter den Toren des inzwischen abgebrochenen Depots Kalkbreite posieren drei ‹Schnelläufer›. Diese Wagen verkehrten als letzte VBZ-Zweiachser bis 1972 auf der Linie 6. Seither kümmert sich der Verein ‹Aktion pro Sächsitram› um die Rettung der noch vorhandenen Zweiachser und um die gelegentliche Durchführung öffentlicher Betriebstage mit diesem Rollmaterial. Da der Verein Tram-Museum Zürich nur sehr ausnahmsweise einen Fahrbetrieb aufziehen will, soll damit eine Lücke gefüllt werden. Heute sind noch vier Wagen dieses Typs im Besitz der VBZ, darunter die beiden Goldtimer.

109

Die ‹Schnellläufer› entstanden Ende der zwanziger Jahre als letzte Zürcher Zweiachs-Motorwagen. 28 Wagen wurden direkt von der Städtischen Strassenbahn erworben, 4 weitere gelangten nach der Übernahme der Strassenbahn Zürich – Oerlikon – Seebach zur Stadt. Das TMZ hat einen Triebwagen samt passendem Anhänger in seinem Bestand. In der Endschleife bei der Alten Kirche Albisrieden ist die Szenerie bereits sehr ländlich.

Rechte Seite:
Nochmals begegnen wir zwei Schnellläufern: Oben ist der Be 2/2 1020 zwischen dem Römerhof und der Kreuzstrasse unterwegs. Auch die Linie 15 ist eine alte Hausstrecke dieser Serie. Die untere Aufnahme zeigt den Wagen 1025 auf einer Überstellfahrt in der verschneiten Bahnhofstrasse kurz vor dem Paradeplatz.

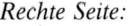

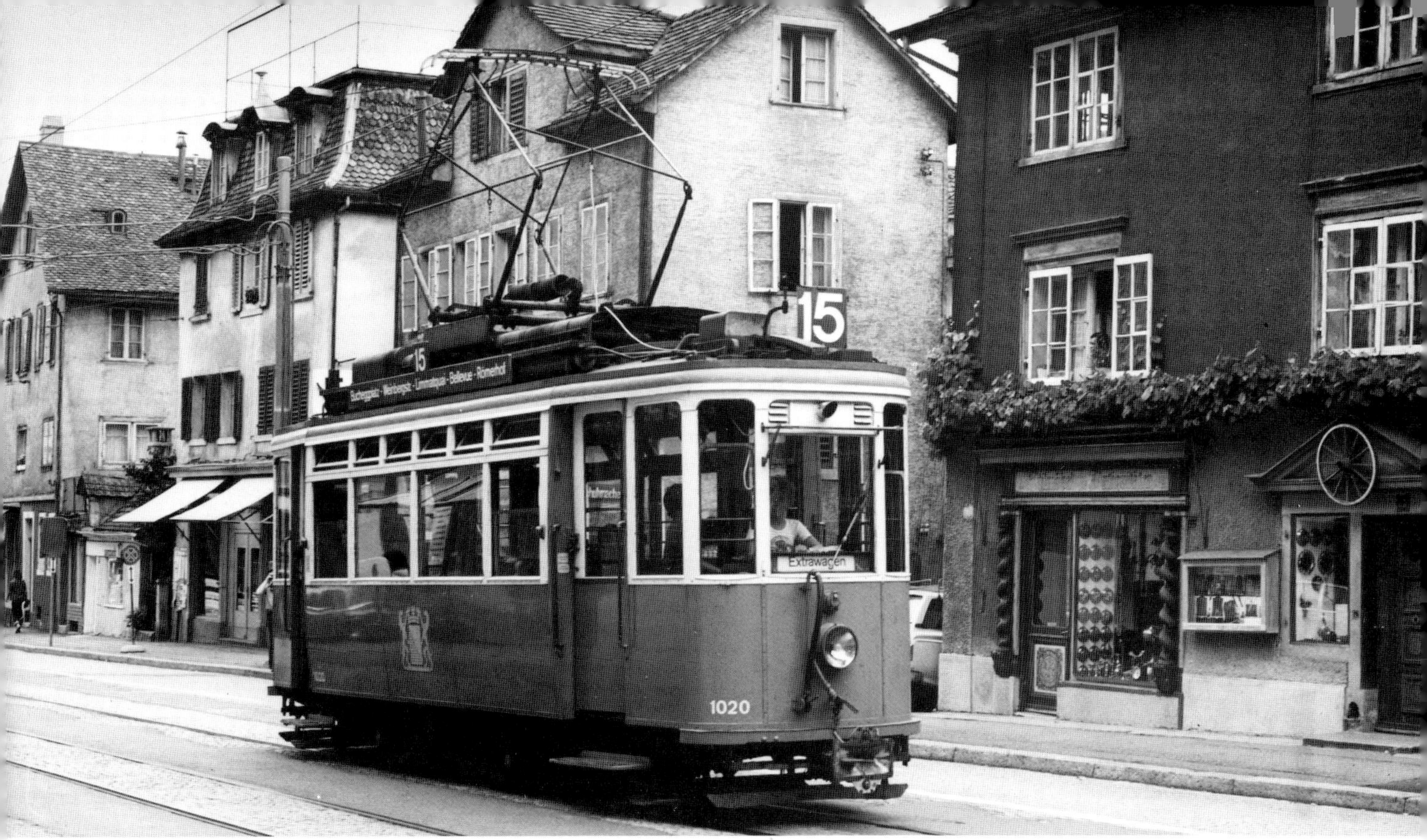
15
15
Extrawagen
1020

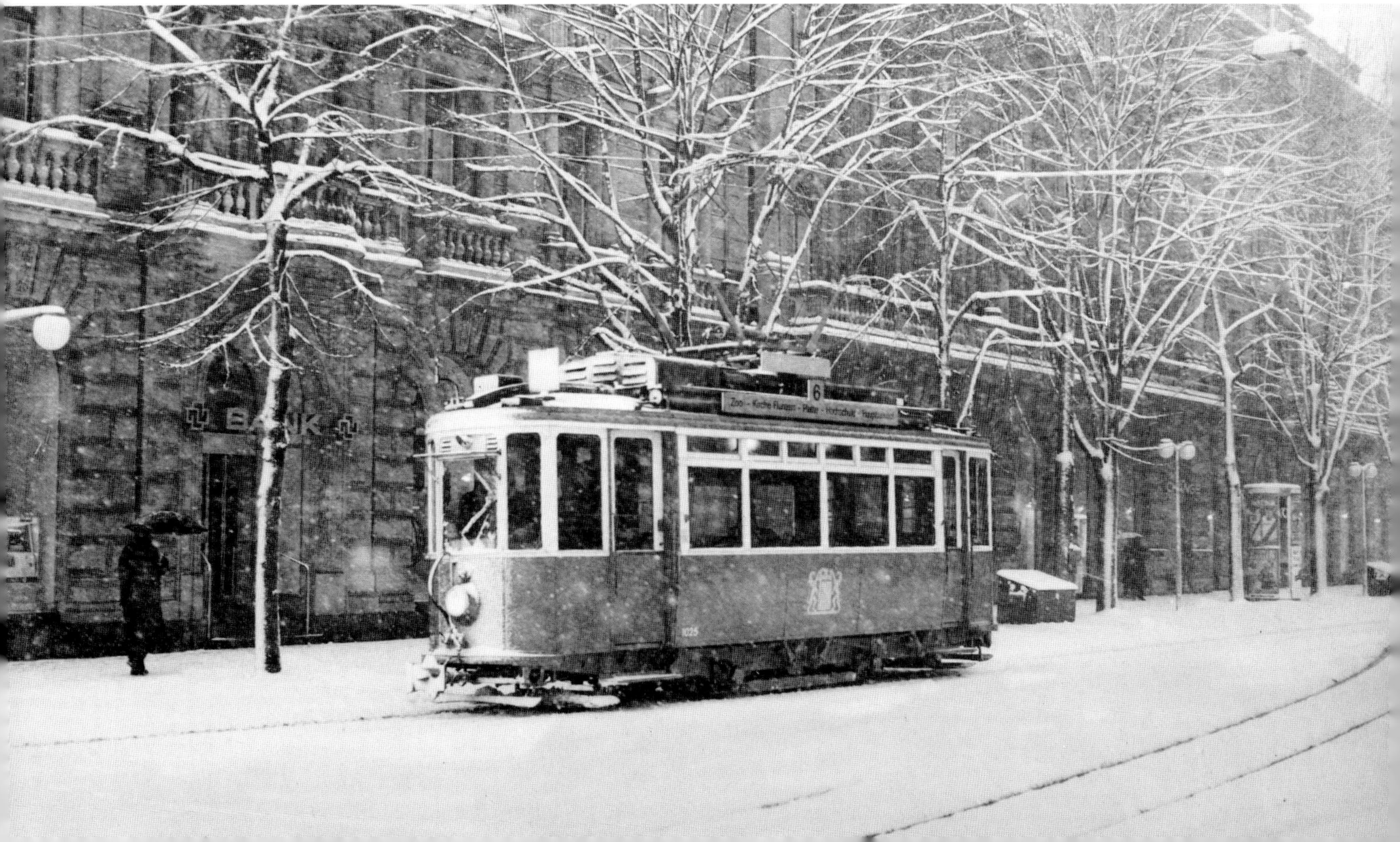
6

Oben: Eine andere hübsche Komposition des TMZ besteht aus dem Ce 2/2 176 und dem C2 455 im alten Anstrich der Städtischen Strassenbahn Zürich. Mit der Schaffung der StStZ im Jahr 1896 erhielt Zürich als erste Stadt Europas ein kommunales Tram!

Rechte Seite:
Der ‹Elefant› Be 4/4 321 ist ein besonderes Prunkstück des TMZ. Die schweren Einrichtungstriebwagen dieses Typs sind in der Lage, auf den Zürcher Bergstrecken mit Höchststeigungen bis 75‰ selbst Dreiwagenzüge zu schleppen!
Neben dem TMZ-Elefanten besitzen die VBZ vier weitere Vertreter dieser einst 50 Wagen umfassenden Serie. Eines dieser VBZ-Fahrzeuge ist zum ‹Party-Tram› umgestaltet worden. Die Wagen werden für Sonderfahrten vermietet.

Ein Elefant der VBZ passiert auf einer Gesellschafts-Extrafahrt das Limmatquai. Das Grossmünster, von dem im Hintergrund ein Turm aufragt, gilt als Wahrzeichen der Stadt Zürich.

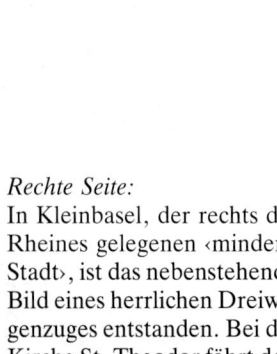

Rechte Seite:
In Kleinbasel, der rechts des Rheines gelegenen ‹minderen Stadt›, ist das nebenstehende Bild eines herrlichen Dreiwagenzuges entstanden. Bei der Kirche St. Theodor fährt der Zug über die Wettsteinbrücke in Richtung Grossbasel.

Oben: Bis Mitte der siebziger Jahre verkehrten solche Drei-wagen-Einsatzzüge während der Stosszeiten auf der Linie 2! Vor dem Hauptgebäude der Schweizerischen Mustermesse biegt ein Zug in Richtung Wettsteinplatz ein.
Unten: Die Linie 7 zwischen der Schifflände und Binningen wurde als letzte Tramstrecke Basels mit altem Rollmaterial bedient. Kurz vor der Umstellung auf Grossraumwagen ist die untere Aufnahme in der Nähe der Endschleife in Binningen entstanden.

Rechte Seite:
Auch Bern bietet Spezielles auf seinem Tramnetz. Oben begegnen wir dem Berner Dampftram mit der G 3/3 18 und dem C4 26. Die zum Bestand des Verkehrshauses gehörende Komposition wurde im Herbst 1976 vorübergehend nach Bern überführt und dort während eines halben Jahres bei verschiedenen Gelegenheiten eingesetzt.
Immer noch in Bern befindet sich hingegen das erste Speisewagen-Tram der Welt, das aus einem alten Zug aus den dreissiger Jahren entstanden ist und gemietet werden kann.

116

I ha mi und bi zfriede, für d' SVB entschiede
Extrawagen
WAGON - RESTAURANT
147

In Neuchâtel hat sich der Trambetrieb seit dem Entstehen dieser beiden Aufnahmen grundlegend gewandelt. Der Trambetrieb auf der Linie 3 ist 1977 aufgegeben worden. Das obere Bild lässt diese bis zuletzt vorwiegend mit Zweiachsern betriebene Linie nochmals aufleben. Der Be 2/2 78 (1928) strebt zusammen mit dem B2 145 (1898) bergwärts, während der Be 2/2 64 (1912) talwärts rumpelt. Im Hintergrund sind die Türme der Kollegiatskirche zu erkennen. In der Endschleife von Boudry begegnen wir unten einem charaktervollen Vierwagenzug aus dem Jahr 1902. 1981 haben moderne Wagen auch auf der Linie 5 alle alten Fahrzeuge vollständig aus dem Normalbetrieb verdrängt.

118

Die ‹Association Genevoise du Musée des Tramways›, der Genfer Tramklub, hat mit der Aufarbeitung des Be 4/4 67 und des Bi 363 Grosses geleistet. Hier stellt sich die stilreine Komposition in Rive dem Fotografen. Rechts über den Bäumen sticht im Hintergrund der Wasserstrahl des Jet d'Eau, des Genfer Wahrzeichens, in den blauen Himmel.

Die Bex–Villars–Bretaye-Bahn im Kanton Waadt betreibt zwischen Bex und Bévieux sowie zwischen Gryon und Villars die einzigen nichtstädtischen Trambetriebe in der Schweiz, die bis in die heutige Zeit überlebt haben. Das Zentrum von Bex mit seinen engen Platzverhältnissen wirkt allerdings recht städtisch. Im Normalverkehr werden hübsche Dreiachswagen aus dem Jahr 1948 eingesetzt. Als Reservefahrzeuge für das ‹Tram bleu› sind einige ältere Wagen vorhanden, darunter auch der erst 1959 von der VBZ Zürich übernommene Be 2/2 8 mit Baujahr 1907. Der Wagen ist hier mit einem kurzen Güterzug unterwegs.